巴黎秘密地址

Secret of addresses Paris

光之城的 20 家精选店

杨羽箫（Cedric Yon） 著

当我想向别人介绍这本书的主题时,我在思考用什么词来形容它。首先它不是一本导览书,虽然我认为它能为任何人带来一趟难忘的旅行探索,但它没有包含闻名世界的卢浮宫,也没有香奈儿、莎士比亚书店或是花神咖啡馆;其次它也不是一本关于品牌营销的书,尽管它讲述了多个品牌创立和发展的故事;这也不是一本影集或插画书……它是一本综合以上所有的,又带着一些个人化的喜好,关于发现的书。

在本书每一篇的正文中,我都以正面和欣赏的角度去描述和传达信息。因为能完成这么多拍摄和采访,少不了每一家店和相关者的支持。但借着写前言的契机,我也终于能抒发一些似乎有点"不合时宜"的感触。

20世纪末的精神病学界有一条关于新增综合征的新闻在英法媒体中引起了罕见的如同对流行文化般的关注,在接诊多例初到巴黎而产生身体和精神不适的日本病人后,"巴黎综合征"被当时在巴黎的日裔医生提出。主要病因是游客对巴黎的高度理想化预期与现实差异极大而导致的应激反应。

作为游客,我在2012年初到巴黎时并没有产生过任何负面印象。美术馆、画廊、剧院、塞纳河、圣马丁运河……大概是因为当时只看到了巴黎展示给游客们最好的一面。直到几年后,我搬到这里居住生活,这座城市才逐渐向我显露出它更多的面貌:地下"墓穴"中堆积起来的累累白骨;一些人过度随意地在街道小便,即使是在市中心;在公共场所目睹抢劫和种族歧视……也许世界上本就没有完美的城市,巴黎复杂的、不拘于游客化的美也正是融合了它的不完美,甚至它历史过往中的阴暗面。

所有我们习以为常的概念和名称背后都有它们的来源和演变历史。一个可爱的卡通造型护身符可能与一个非洲部落的传统有关;昂贵精美的古董不仅承载着其流通贸易史,也很可能来自一段西方现代考古学发展的野蛮掠夺时期;"跳蚤市场"这个人人皆知的称呼居然来自于曾被巴黎政府驱赶的拾荒者们养家糊口的生计……在写这本书之前,我从未想过这个称呼的根源能和如今仍困扰许多国家的移民危机和阶级贫富差距关联起来。

欧洲大国文化多元和辉煌财富的背后少不了殖民历史上开疆扩土的野心。工业革命带动的一艘艘商船连接了不同的大陆和岛屿,以英法两国为领头羊的科考队和航海家们通过猎杀和贸易将在异国发现的动植物带回欧洲。本书中精彩的一篇正是来自这一背景下盛行的"奇珍异宝柜"文化,而另一篇则是源自皇室贵族对佩戴异域古城挖掘而来的宝石配饰的热情……许多人会认为这些反思都是毫无意义的陈词滥调，但就像人们应该关心自己日常所吃食物的来源一样，我们应该试着了解一个品牌的起源，乃至一座城市文化繁荣的成因，即使其中掺杂着不堪。

巴黎的美好和伟大自然是说不完的，作为一个全球顶级城市，在追求效率和完美的数字工业时代，巴黎仍有许多店铺在经营纯手工制作的商品，每一件都保留着手工的痕迹，以"不完美"的方式，以大部分法国人习以为常的抗争精神与这个时代抗争着。

巴黎丰富的文化遗产孕育了许多历史性的大小品牌，波兰公主和路易十五的御用糕点师开的店，巴尔扎克小说的人物原型创立的香氛店，19世纪的巴黎茶商品牌……古老品牌被无数次编撰过的历史已经成为巴黎城市历史的一部分，而年轻品牌的故事则更为饱满真实。

26年前一对兄妹因为酷爱外国杂志，他们用邮寄订购的方式将许多英文杂志买到巴黎再卖掉，而如今一家经常挤满了时尚年轻读者的书店正是这样起步的。一个因为高考那天起晚到而转考职业学校机械专业的男孩，又凭着对机械的专业知识而购买并修复了一批老缝纫机，随后开了裁缝店并创立了自己的牛仔裤品牌。一个意大利设计师到巴黎出差之后就爱上了这座城市，随后辞职搬家，在新的设计领域努力求学，并勇敢地在巴黎一区开了自己的高级定制店。

在了解每一个人和品牌的故事时，除了惊喜和感动，我还体会到这些故事真的能为想要创立自己品牌的人带来启发，比如怎样找到适合自己的行业，怎样发展合作宣传，怎样为自己的品牌增加故事性，以及十分实用的：怎样以低成本来装饰出一个独特的空间。即使你只想开一家蔬菜店，在这本书里你都能获得启发。当然，这本书适合每一个对巴黎向往的人，它也许并不是第一次到访巴黎的游客最应该看的书，但只要你准备好了去了解更真实而多面的巴黎，那它就在等待被你打开。

最后，在欧洲处于新冠肺炎疫情控制期间写出这样一本书是不容易的，感谢在这个过程中所有帮助过我的人，尤其是这本书的编辑以及我的家人朋友们。

羽萧

前　言

地　图

Café Verlet 韦尔莱咖啡馆

Thomas Segaud 托马·塞戈

Buly 1803 布利 1803

59 Rivoli 瑞弗里 59 号

Harry Cover 哈里·科弗

SCF 肖莱编织坊

Astier de Villatte 阿斯捷·德维拉特

À la Mère de Famille 一家之母

Ofr 书店画廊

Artazart 书店画廊

Marché Dauphine 太子妃市场

Maison Auclert 奥克莱尔

Stohrer 施托雷尔

Deyrolle 戴罗勒

Super Stitch 超级针线

Le Comptoir Général 总柜台餐酒空间

Mariage Frères 马里亚热兄弟

Dodo Toucan 嘟嘟兔康

Veronica Marucci Chapeaux 韦罗妮卡·马鲁奇

Caveau de la Huchette 玉榭地窖

…………………………………………………………	002
…………………………………………………………	006
最早推行原产地咖啡概念的咖啡馆…………	008
手工玻璃吹制工作坊…………	021
复古香氛品牌…………	040
对公众开放的艺术家工作室中心…………	050
用心做陈列的家族果蔬店…………	075
可以体验手工编织机的工作坊…………	088
手工艺术风格陶瓷…………	103
巴黎最老的巧克力糖果店…………	120
时尚艺术设计为主的青年文化书店…………	127
圣马丁运河边的插画摄影书店…………	141
圣图安的室内跳蚤市场…………	153
使用古董材料做珠宝的设计师…………	184
巴黎最老的法式糕点屋…………	194
私人动物标本店…………	203
牛仔裤专家的原创品牌…………	237
多元文化风格杂糅空间…………	251
巴黎最老的茶商…………	269
童话风格陶瓷店…………	279
高级定制帽子及头饰…………	292
有舞池的爵士乐俱乐部…………	310

地铁 5 号线
Jaurès

地铁 5 号线
Jacques Bonsergent

地铁 1 号线
Saint-Paul

01 韦尔莱咖啡馆
02 托马·塞戈
03 布利 1803
04 瑞弗里 59 号
05 哈里·科弗
06 肖莱编织坊
07 阿斯捷·德维拉特
08 一家之母
09 Ofr 书店画廊
10 Artazart 书店画廊
11 太子妃市场
12 奥克莱尔
13 施托雷尔
14 戴罗勒
15 超级针线
16 总柜台餐酒空间
17 马里亚热兄弟
18 嘟嘟兔康
19 韦罗妮卡·马鲁奇
20 玉榭地窖

Café Verlet

韦尔莱咖啡馆

最早推行原产地咖啡概念的咖啡馆

256 Rue Saint-Honoré, 75001 Paris

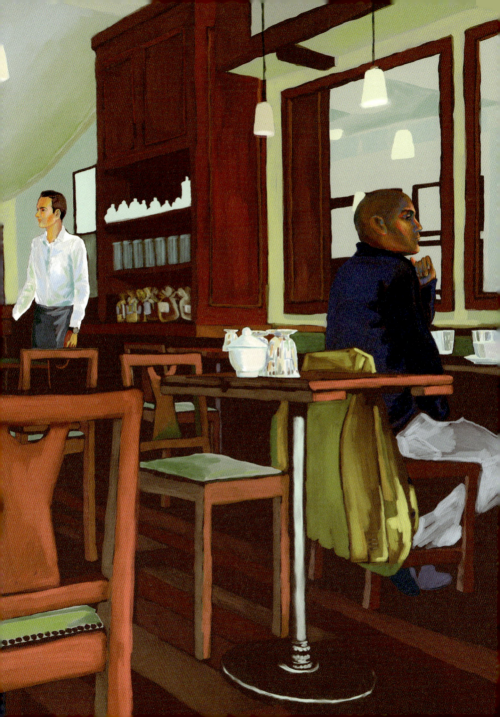

"精品咖啡"（Specialty Coffee）的概念虽说是埃玛·克努森（Erna Knutsen）在20世纪70年代提出的，但对于许多每天喝咖啡的人来说，它引领市场推广的风潮也不过是过去十年间的事。它的主要概念是对咖啡进行明确的原产地筛选溯源，并与种植者形成尽量直接的贸易关系，以避免因传统贸易运输过程时间过长导致咖啡豆变质，甚至不同种类的咖啡豆被混合的情况发生。这种概念和法国的葡萄酒文化有点类似，大部分法国人都对本土的葡萄酒产地熟门熟路，许多人也习惯在假期直接前往分布在法国不同地区的大小酒庄现场品酒购买，或是只为在葡萄地里散步。在法国并不强调精品咖啡的概念，因为早在20世纪60年代，巴黎的一家咖啡馆就表明了自己重视咖啡纯正原产地属性的态度。这家名叫韦尔莱（Verlet）的咖啡馆最早提出了纯正原产地咖啡（cafés pure origine）的概念，也因此在巴黎一众同行中脱颖而出。

一大早开门之前，就已经有住在附近的老顾客在门口静候了，店员一边开门一边用与熟人问候的方式招呼他们进去，在这略带仪式感的日常寒暄中韦尔莱新的一天就开始了。进入店内就能闻到不同种类的咖啡豆混合在一起的香味，左手边的区域是散装咖啡豆和茶的柜台，地上和窗边码放着具有手工感的麻布口袋。许多人会从这里购买喜欢的咖啡豆带回家自己研磨。深褐色的货架、木地板和方格木桌都显示着这家店的属性，橄榄绿皮面的座椅和品牌低调的灰绿色也形成呼应。另一处室内设计的亮点是木框镜面，它们延伸了店内空间，尤其是装在二楼的一面镜子使这个本有些局促的空间显得通透了。

大多数老店都经历过店址搬迁，而韦尔莱从1880年至今都位于圣奥诺雷街（Rue St Honoré）256号。创立初期韦尔莱在店外的人行道上提供现场烘焙的咖啡，他们用典型的法式烘焙咖啡豆的方法，在每天早晨将浅色咖啡豆烘烤成被称为"修道士袍"的深棕色，香味弥漫整个街区。如今韦尔莱已然成为巴黎最老的咖啡馆，他们用手工烘焙的方式为顾客提供纯正的原产地咖啡。

韦尔莱咖啡馆

关于原产地,韦尔莱不单单寻找某个国家,而是寻找特定的风土气候(一个适合种植咖啡树的地区,就像葡萄酒的葡萄园)。他们会真正走到咖啡种植的田间地头,拜访种植者,并对咖啡豆的溯源和生长过程进行追踪。"因此,当韦尔莱开始讨论咖啡风土时,这在20世纪60年代确实是新鲜话题。"韦尔莱的大卫·赫南德斯(David Hernandez)介绍道。这种免去中间商的方式也能让咖啡豆种植者最大化地获利,并有利于维护整个咖啡行业的品质。

当我在韦尔莱的咖啡目录上看到冷门产地老挝和缅甸时,大卫说:"通常在人们的印象中,能想到的咖啡产地是南美、拉丁美洲或非洲,极少有人想到其实也有其他适合咖啡种植的土壤,比如亚洲。"

从咖啡的历史来讲,它源于埃塞俄比亚,最早实现全球贸易的荷兰人曾将咖啡传播到了美洲,而人们在描述历史时常常忽略了亚洲,荷兰曾经也将咖啡引入了他们在亚洲的殖民地,他们曾在印度尼西亚种植咖啡。这甚至早于法国人在西印度群岛的咖啡种植。因此,在亚洲其实也有品质非常好的咖啡。从20世纪90年代开始,埃里克·杜乔索伊(Eric Duchossoy)从他的叔叔皮埃尔·韦尔莱(Pierre Verlet)手中接过了这个家族生意。在缅甸,他重新发现了"隐藏"的咖啡种植园,这些种植园在那时仍然存在,但已被完全遗忘,不再出口任何咖啡豆。这些种植园可追溯到20世纪初,是由苏格兰人创建的。对韦尔莱来说这是一个难得的机会,他可以去寻找并向更多的人引荐鲜为人知的风土以及那里产出的独特咖啡。

Café Verlet

韦尔莱咖啡馆

Café Verlet

014

韦尔莱咖啡馆

一个成功的咖啡馆不仅需要独特性,也需要平衡商业利润。因此当我问到在韦尔莱最受欢迎的咖啡时,大卫表示仍然是一些经典的名字。

20世纪初的法国人大多习惯喝拼配咖啡,即他们会混合几种咖啡豆,这在今天的小酒馆中仍然很常见。韦尔莱有一种历史悠久的拼配咖啡叫 Grand Pavois(意为大船),由奥古斯特•韦尔莱(Auguste Verlet)研制于1921年。这款咖啡味道简单,酸度较低,口感圆润,还略带花香。大船是用哥伦比亚和巴西阿拉比卡咖啡豆拼配而成的,奥古斯特用来纪念他在20世纪初乘坐商船的航行,这款咖啡是店里最畅销的经典饮品。

"第二畅销的是摩卡西达摩(Moka Sidamo),"大卫继续说,"法国人非常喜欢这些来自埃塞俄比亚的咖啡豆,我们都称之为'mokas'。它们有比较明显的杏子和蜜饯的香气。"

而比较冷门的亚洲产地咖啡,"它们的味道更加特别"。目前大众对亚洲咖啡的认知和接受度较低,大卫认为"这也是一个主观品味的问题"。但韦尔莱珍视这样的独特产品。"我们拥有一些很独特的咖啡,例如来自新喀里多尼亚或留尼汪岛的尖身波旁(Bourbon pointu),每250克要125欧元,所以这不是大众每天都能喝到的咖啡,而是特殊的用于品尝鉴赏的咖啡。尽管我们也有

一些客人可能每天只选择喝这样的珍稀品种。"

韦尔莱的咖啡目录并不是一成不变的。"平均来讲我们保持在30种左右。"由于对风土的挑剔——正如葡萄酒产地一样——一片优渥的咖啡种植地偶尔也会遇上天公不作美的时候,气候变化对咖啡品质的影响也在他们关注的范围内。"在这样的情况下,品质不那么好的咖啡我们宁愿不要,所以我们的目录会随之更新,有些新名字会出现,有些会消失。例如我前面提到的尖身波旁,去年我们有40公斤,就数量而言这真不算多。还有现在我们有一种新到货的来自圣赫勒拿岛的特殊咖啡,据说流亡中的拿破仑曾说这是圣赫勒拿岛上唯一的好东西。尽管我们是它唯一的销售商,但我们只有18公斤,等这18公斤卖完了也就没了,我们的目录上也不会再提到它。"

韦尔莱咖啡馆

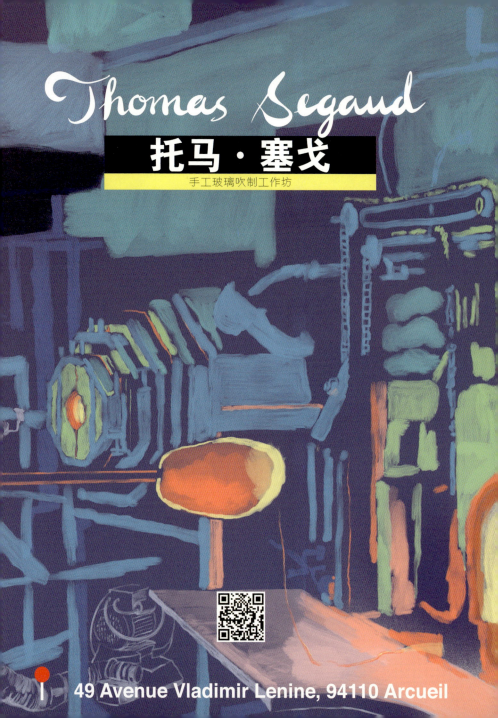

提到手工吹制玻璃，你也许会想到意大利。尤其是在威尼斯以出口商业为主的时代，当地的小岛穆拉诺（Murano）盛产的手工玻璃一度名闻遐迩。作为欧洲文化多元性最强的城市之一，巴黎也不能缺少这样一颗瑰宝。

距离巴黎市中心大约半个小时的车程，我乘坐地铁4号线来到了郊区市镇阿尔克伊（Arcueil），玻璃吹制艺术家托马·塞戈（Thomas Segaud）的工作室就位于此地。最近通过巴黎人的口耳相传，以及在时尚活动诸如圣罗兰（Yves Saint Laurent）香水发布会上的现场工艺展示，他在巴黎已经声名远扬。

"在法国有两所学校对玻璃烧制正式授课，一所在奥弗涅，另一所在阿尔萨斯－洛林。"托马从玻璃烧制艺术专业毕业后，通过与业内前辈一起工作而积累了更多的实践经验。

推开工作室的大门，入口是一处种满植物的小花园似的休息区域，迎接我的是托马和他的学徒。门口的桌子上有些凌乱，他们一边吃三明治一边和我聊天。

尽管对玻璃烧制的兴趣实属偶然，但对梦想的坚持是托马常年努力的方向。初到巴黎时，他也尝试了其他工作。他曾在印刷厂和酒吧工作，一到周末就在当时租来的工作室里专心创作自己真正关心的玻璃作品。像大多数艺术家一样，他当时并不会去考虑那些作品能否售出，他只知道那是他从少年时期起就热爱的事情。

"那真是一见钟情，"他回忆起自己怎样开始对这个工艺产生兴趣，"当时我17岁，有一天我路过一间玻璃吹制品商店，我被震撼了。回到家我跟父母说，我想成为一名玻璃工。"

制作手工玻璃的工作间温度非常高，玻璃吹制者需要对材料温度的时机把握精准。他们挥舞着吹制工具，挥汗如雨，辗转于熔炉、吹制架与降温窑之间，这一切形成了强烈的现场感。在旁观了托马的工作后我更加明白了这一点，这几乎像是一场艺术表演。

Thomas Segaud

Thomas Segaud

托马·塞戈

Thomas Segaud

现在托马通过网络销售他的一部分作品,来自社交媒体和时尚行业的订单很多,他几乎不需要做库存,所有作品都需要提前定制,而他自己的一些设计系列可以在他的网站上看到。他的工作重心围绕着创作个人作品,其次才是为法国不同地区的客户定制作品,以及通过公开活动展示这项古老而迷人的工艺。他的个人作品中体现着他的审美倾向:骷髅造型的玻璃灯罩和花盆表现着重金属音乐文化,还有将防身武器四指拳扣设计成玻璃杯把手而制造出一种幽默的反差感。他也为学徒做培训:"我已经和玻璃打了17年交道,现在我开放我的工作室给更多的人来学习这门艺术,我希望人们能了解玻璃作品的真正价值。它并不像绘画或陶瓷那样,玻璃品制作需要在技术方面学习和练习很长时间。"

托马·塞戈

*个人作品由托马·塞戈供图

我到托马的工作室那天,他正在为摩洛哥的一家酒店烧制订做的奶酪和甜点玻璃罩。他先用金属吹气管从熔炉里将适量液态玻璃取出,"得蘸三次,保证必要的量。"他解释道。接着他将吹气管挪至造型支架上,用一块湿润的布轻触着金黄色的半液态玻璃,由此逐步使其表面均匀圆滑。从基本的半球形开始,就需要随时注意即将吹制的玻璃体积。然后正式的吹制工作就开始了:他猛烈急促地从金属管的一端吹气,并在架子上快速转动,使柔软的玻璃在初现雏形的过程中保持对称。在这之前托马已经在一块木板上画好了大概的形状,所以在吹制接近完成时他在木板上比较了一下玻璃罩的尺寸。这个玻璃罩的提手部分是设计成螺旋状的,他用一个大镊子将提手部分拉出并旋转。最后托马将接近完成的滚烫作品放进箱式退火炉(l'arche de recuisson)中降温12小时。"退火之后还要用玻璃切割器切开端部。"他补充道。

Thomas Segaud

托马·塞戈

Thomas Segaud

托马·塞戈

尽管他现在的客户越来越多,但在工作室成立之前,他也为此付出了许多。因为作品制成之前玻璃需要在窑中维持熔融状态,这个1200°C的火炉中有一百公斤玻璃,而且全年都保持加热状态,为此托马需要每个月支付2000~3000欧元的费用,并且还要购买保险。但他面对这些负担早就孤注一掷:"我只知道不能放弃,有时候毅力和勇气会给你回报。"

在托马开始谈论他的工作之前,也许大部分人会将他误认为是一位文身师,时尚的潮牌店主,或是独立摇滚音乐人。他的外表与古老的手工艺之间似乎完全没有可供联想的痕迹,然而这种矛盾和冲突感也使他整个人散发出一种鲜明的气质。在个人创作方面他谈道:"摇滚金属乐将我塑造成现在我所爱的模样,我希望能制造像自己一样真实的作品。"他烧制了骷髅系列,比如颅骨造型的作品和关节形态的杯子。家人和朋友的支持也令他常怀感恩:"几年前当我努力开启自己的艺术生涯时,他们给了我帮助。我觉得每一件玻璃制品的背后都有一个故事,其中包括一个人长期学习的经历,他创作的步骤,以及他的人格。"

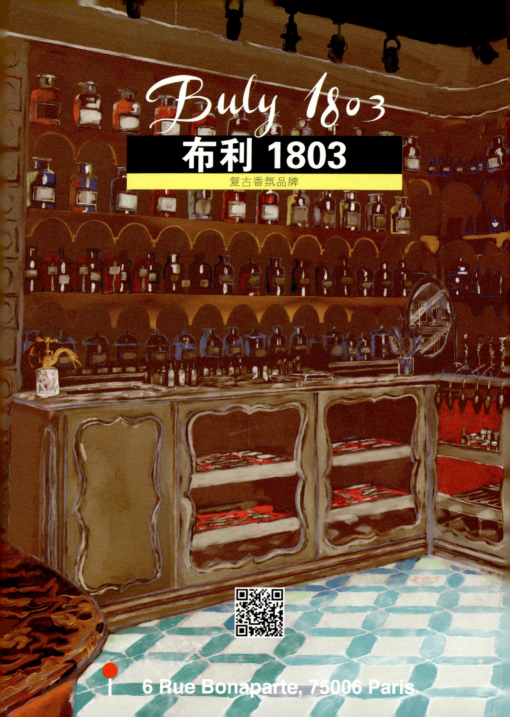

Buly 1803

布利 1803
复古香氛品牌

6 Rue Bonaparte, 75006 Paris

巴尔扎克的小说集巨著《人间喜剧》（La Comédie humaine）中的巴黎生活场景集里有一篇小说《赛查·皮罗多盛衰记》（César Birotteau），描写了主人公赛查在巴黎努力工作累积财富，却最终被银行资本误导使得人生跌入低谷。而赛查·皮罗多这个人物的灵感原型是19世纪一度声名赫赫的调香师让－樊尚·布利（Jean-Vincent Bully）。

与小说中的人物出身不同的是，让－樊尚·布利的父亲曾是一名调香师，在耳濡目染之下，他承父衣钵成了一名研发销售香水的商人。

在古代，醋和蜂蜜一样被认为具有净化和治愈的功效。因为醋可以收敛皮肤，曾被用于清理伤口使其更快康复。18世纪每当发生瘟疫时，西方百姓都会害怕用水清洁身体，因为当时他们认为水是瘟疫传播的媒介之一。取而代之的是用果醋来清洁皮肤。正是在这种历史前提下，让－樊尚·布利发明了自己的护肤芳香醋（Vinaigre aromatique et antiméphitique），并于1809年注册了配方专利权。这一发明很快成为巴黎美容界的明星产品，甚至在1867年和1878年参加了两次世博会。当时的世博会以贸易展览为主，旨在使很少旅行的大众接触到法国其他城市和其他国家的商品，布利由此声名大噪。

随着护肤芳香醋的声誉不断提升，

布利 1803

布利在巴黎开了几家专卖店，并取得了巨大的成功。即使在他去世后，这种醋仍流行了很久。今天人们已经有了许多更好的选择，醋不再被纳入护肤品，而布利的故事和品牌却被保留了下来。

维克图瓦（Victoire de Taillac）和她的丈夫拉姆丹（Ramdane Touhami）一起承接了这个历史性的巴黎品牌。夏天巴黎的阵雨虽然不少，空气却常常是干燥的。推开布利的店门，柑橘类混合着木质的清新香气扑鼻而来，顿时缓解了刚在室外步行了半个小时的燥热感。点燃一支香薰蜡烛，维克图瓦开始向我仔细介绍这个安静复古的品牌。

众所周知，一般香水中的酒精能让香味持久保留，但缺点是乙醇的味道也会融合在香水中模糊香水本身丰富的层次，并且频繁使用会造成皮肤干燥。布利最畅销的商品之一叫三倍水（Les Eaux Triples），谈到创造这款产品的初衷，维克图瓦说："我们不希望香水过于浓重，比如一进电梯里就全是香水味，但也需要满足人们对留香时间的期待。因此我们在水基香水中增加了一点油，这样香味就能持续几个小时并且质地略带滋润。"这款香水目前占他们销售额的30%～40%。

现在布利的全称为 Officine Universelle Buly 1803，为什么是 Officine Universelle（综合办公室）？当年法国政府要求

各行业的执照人员只负责专门的领域，而布利希望打造一种类似今天药妆店的综合护理产品线。"人们到这里来寻找可以呵护自己的产品，"维克图瓦说到，"而 Officine Universelle 就有一种包罗万象感，并且我们的产品都在店里有划分和展示。我们也觉得巴黎需要一个这样有历史的美容品牌。"吸引这对夫妻拯救这个品牌的原因不仅是它的历史和名声，还有整个品牌很早就凸显的美学魅力。"超细水""处女膏""古油"……这些在今天看起来略带着奇幻风格的文字都是布利的产品名，而喜欢文学的维克图瓦和拉姆丹被这种穿越时间的文字魅力吸引了，他们也为这个品牌创立了杂志。

布利的装潢设计在视觉上也是怀旧又精致的，店内处处带着19世纪的怀想：胡桃木货架家具，木制品，大理石柜台，金色的老式铜质水龙头，化学烧杯，过去药店里常见的棕色玻璃瓶，复古花纹的陶瓷瓶……店员还会在你购买的商品包装上手写下你的名字，写字台上放着复古的文具和台灯，伴着香薰蜡烛，一种自然而温暖的仪式感油然而生。

Buly 1803

布利 1803

Buly 1803

店员也并不会刻意推荐什么产品,维克图瓦表示希望顾客能在这个环境里在 800 种多样化的产品中按照自己的个性去发现符合自己理想和气质的产品。"因为美是很主观、很个人化的,我们希望你找到自己需要的,能让你感觉更好或更美的,甚至是让你吃惊的东西。除了香水,我们也有来自世界各地的美容秘诀,包括精油、面膜泥、传统美容工具等。这不仅是一种乐趣,它们有些已经经过了几千年的历史沉淀,在美容方面也是颇有功效的。"

店内也售卖一些天然矿石,不仅有深受东方人喜爱的白玉,也有如今很少被人提及的明矾石。"我们希望人们能够重新认识明矾石,因为它有天然除臭剂的特性,你可以将它放在水里或是直接放在有汗臭味的衣物上,明矾石能去除很重的汗液气味。此外,它也是过去欧洲传统的理发店为男士剃须时必备的,明矾石可以防止微小创口出血,理发师为了保证顾客的皮肤在剃须过程中没有小伤口,会用浸泡了明矾石的水轻轻擦他们的脸。根据这两个特效,现在我们的顾客可以将明矾石放在厨房或浴室。"还有一种满是孔洞的石头,"这个陶瓷盒子里面有一种多孔的石头,你可以将一小瓶浓缩香水倒进三分之一,根据你喜欢的气味搭配,它就变成了一个扩香器,放在房间里香味能维持两到三个月。"

布利 1803

瑞弗里59号（59 Rivoli）的诞生充满巴黎式的戏剧性，它的雏形是一个名为罗伯特之家：自由电子（Chez Robert: électrons libres）的艺术家团体，这是一个由艺术家们自发聚集在一起创作而后形成的组织。而这些艺术家相聚的地点正是位于巴黎瑞弗里街59号的一栋奥斯曼风格的大楼。

这处作为负债抵押而被里昂银行闲置了8年之久的房产，1999年11月1日，艺术家加斯帕尔·德拉诺埃（Gaspard Delano）、卡勒克斯（Kalex）和布鲁诺·迪蒙（Bruno Dumont）一起打开了这栋楼的大门，它由此重新焕发生机，谱写出新的历史。

几天后，十几位艺术家聚集此地创建艺术工作室，并向公众开放。这种新鲜的艺术创作模式很快让这里变成了一座新的文化地标，并成为巴黎艺术家以驻留形式创作的象征。尽管这种形式听起来自由而浪漫，但他们当时却是集体非法占有这里的。

（前页）艺术家玛丽亚·佩娜（María Pena）的壁画。

2001年，新任巴黎市长承诺买下这栋楼，并为艺术家们找到解决方案。之后，市政厅和艺术家们达成了一项协议，巴黎市政府为瑞弗里59号的转型进行了四年的维修施工，并于2009年年底重新开放。

从那时起，这个地方就成了一个综合体——汇集了艺术家的工作室，开放交流的大众艺术中心，一个当代艺术画廊，并且不定期会举办音乐会和短期文化活动。瑞弗里59号的艺术家们的作品也以团体展览的形式在其他国家展出过，比如2017年在佛罗伦萨美术学院的展览。如今位于瑞弗里街的这个地方已经获得了国际声誉，并被列为巴黎最值得一看的艺术创作场所之一。

每年更换一次的外墙大型艺术装置从创立初期就是这里的传统，而且创作材料主要为可回收材料。这些外墙在巴黎最繁华、最中心的街区之一脱颖而出，在周围拥挤的商业氛围中创造出了一个大胆而独立的存在，所有路过的人都会不可避免地被拽进这座视觉旋涡中。

公众参与也是瑞弗里59号的重要组成部分，大众能够在此遇见来自世界各地的艺术家，现场感受他们真实的创作环境，并可随时与他们交流，因此任何人只要来到这里就已经成了这个艺术项目的一部分，无论是作为创作者还是观众。

59 Rivoli

这栋典型巴黎风格的6层楼建筑里，每年迎接着来自世界各地的15位艺术家驻留，另有15位艺术家长期在此创作。这些艺术家们免费使用这里提供的工作室，并能利用这个集体分享和拓展自己的创作经验。一个由艺术家和巴黎市议会代表组成的评审委员会，每年负责从申请者中挑选前来驻留的艺术家。驻留的时间从3个月到6个月不等，既给予了艺术家充分的适应和创作周期，又保证了为更多申请者带来机会的更新速度。

除了巴黎市政府的拨款支持，瑞弗里59号还与艺术用品连锁店"Géant des Beaux-arts"建立了伙伴关系，以优惠的价格满足常驻艺术家对艺术用品的需求。瑞弗里59号也是鼓励艺术和音乐创作协会网络的一部分，如视觉艺术家联盟网络协会（Fraap）和巴黎音乐协会（MAP）。瑞弗里59号也被列入全国中立和独立场所协调会（Coordination Nationale des Lieux Intermédiaires et Indépendants），同时也是国际艺术家占地组织（Intersquat）网络中的一员。

每月的艺术家会议是一个交流和集思广益的平台，主要讨论即将举行的活动、新项目、艺术家的日常生活、空间的运作、遇到的问题以及如何解决这些问题。

瑞弗里59号

在二楼的楼梯间有很多表情各异的眼睛，这是巴西艺术家爱德华多·丰塞卡（Eduardo Fonseca）在 2018 年留下的作品，他的作品有鲜明的主题，通常带着对当代社会的幽默讽刺。这些眼睛描绘了他在此驻留期间同期的艺术家们。

有趣的是在此之前我曾无数次路过他这个系列的第一幅作品，在纽约布鲁克林的一条马路边，他描绘了具有美国特色的著名卡通和动漫形象。据说这个系列还有一幅在里斯本的一条窄道楼梯墙壁上，同样以眼睛的形式来表现当地人对里斯本高度发展旅游业的复杂感受。

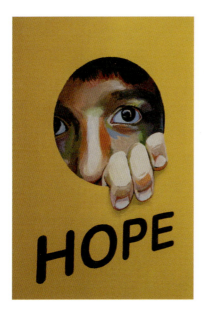

艺术家奥马尔·马弗迪（Omar Mahfoudi）曾于 2018 年至 2019 年间在这里驻留，他创作了四楼的壁画。马弗迪来自摩洛哥的海滨城市丹吉尔，与西班牙隔海相望。也许与摩洛哥的保守环境和宗教背景下人们的心理状态有关，他的绘画作品大多利用较强的饱和度和对比，描绘对象多是北非男性，他们沉浸在阴郁浓重的气氛中，即便有一些画中有植物和月光的柔和装饰为其增加了一些诗意。不论是反复出现的水面意象还是抽象的色彩背景，都能让人强烈感受到他的作品所呈现出的狂野的压抑感。

这位艺术家不仅留下了惊艳的壁画，还有一些值得一看的隐藏作品，比如在日常不对访客开放的安全楼梯间里，他将几个照明灯变成了宇航员，还有几张用墨水滴落的肖像。工作室的一个窗户上还留着他当时拼贴的灵感碎片。

59 Rivoli

瑞弗里 59 号

奥马尔·马弗迪在平时不对访客开放的楼梯间留下的作品。

墨西哥艺术家埃代·奥尔京（Eder Olguin）在新冠肺炎疫情期间创作的系列作品《隔离日志》（*Isolation Journal*）。他从意大利那不勒斯美术学院毕业后在巴黎索邦大学获得了艺术硕士学位。目前定居在巴黎。

59 Rivoli

艺术家安内利斯·舒伯特（Annelies Schubert）的迷你版画系列《记忆图层》（Layers of Memory）。她出生在智利，在巴黎国立高等美术学院（École nationale supérieure des Beaux-Arts）完成学业之后留校任教。

瑞弗里59号

为了方便艺术家们加热简单的食物，工作室的走廊也有一小块厨房区域。在这里我抬头就看见这幅小作品倒挂在屋顶，这是加斯帕尔·德拉诺埃的作品，他正是罗伯特之家的三位创始人之一。这位1968年出生的艺术家至今还在他的社交平台上寻找新的闲置空间用以转型为可供艺术家使用的创作空间。他的个人作品通常有很强的政治性，以标语或标题的形式出现在他从古董市场买到的旧油画或名画复制品上，这种直接大胆的创作方式带着反资本权威和后朋克式的侵略性，尽管标题往往是幽默俏皮的。值得一提的是，德拉诺埃本人组建了一个法国的党派，名为巡回演出党（Le Parti Faire un Tour），并于2008年参加法国的市政选举，以一种浪漫而乌托邦式的政治诉求意图搅拌艺术和政治之间的关系，他也因此被许多人称为"麻烦制造者"。

59 Rivoli

艺术家帕斯卡尔·富卡尔（Pascal Foucart）的工作室。

瑞弗里59号因为曾经无数在此驻留过的艺术家而变得格外精彩,他们使得它日渐发展成为今天的样子。在新冠疫情期间,这里关闭了八个月,取消了所有展览,暂停了与大众的联系,而这场危机也更让人意识到与大众的联系曾经正是这栋艺术项目场所诞生的根基。艺术家们的经验和创作加上大众的加入和参与形成的集合体本身就是一件公共艺术作品。

(左图)喜欢利用流行文化元素传达趣味讽刺的艺术家弗雷多克(Fredok)的工作室。

艺术家薇克·奥(Vic Oh)在法国出生,在墨西哥长大,是瑞弗里59号的常驻艺术家之一。她的作品中表现的文化符号源自拉丁美洲的古老宗教仪式。楼梯间的一楼(在法国一楼是第二层)也有她创作的壁画。

59 Rivoli

068

(上图)利阿纳·佩雷(Liana Perez)的作品。

(左图1)玛丽亚·佩娜的作品。

(左图2)弗雷多克的作品。

59 Rivoli

除了传统的视觉艺术外,数字艺术家一般不在申请者的范围,因为瑞弗里 59 号希望支持那些需要物理空间来进行创作的艺术家们。他们也曾尝试引入一些行为和表演艺术家,如艺术家艾丽斯·伊费尔冈-雷伊（Alice Ifergan-Rey）通常以通过与观众互动的方式制造一种亲密的关系,她曾在展览现场设立美甲沙龙以及让观众写一封情书然后将文字消融在水中。而在瑞弗里 59 号,这位艺术家展出了互动表演作品《奶奶的客厅》（Salon de Mamie）,她将工作室布置成了记忆中祖母的客厅并邀请其他艺术家和作家参与表演。尽管如此,在这里进行行为艺术表演却是相当困难的,因为这个以工作室集合地为形式的中心仍需要以创作进行中的状态存在,而非单纯呈现完成的作品或表演,这正是它与画廊和美术馆的区别。

值得一提的是,瑞弗里 59 号也是一个致力于推广音乐的空间。8 年来的每个周末,瑞弗里 59 号在志愿者团队的协作下都会安排免费的现场音乐演出,风格几乎涵盖所有流派,从古典音乐和器乐到流行摇滚和先锋电子乐。单是 2020 年一年间,这里就进行了 100 场音乐会。

（左图）艺术家叶帕（Yepar）的壁画,她是这里的常驻艺术家之一。

艺术家艾里奥查（Aliocha）的工作室。他是早期罗伯特之家的成员之一。

瑞弗里59号

Harry Cover

076

不经意地在巴黎7区的街上闲逛，一眼便被果蔬店哈里·科弗（Harry Cover）门口的绿色小推车和竹编菜篮子吸引去，篮中的蔬果看似常见，却似艺术品一般给这个街区带去了新鲜的生命力。走进店内跟老板攀谈，不仅能知道当季有哪些品种的果蔬刚刚成熟，还能听到他推荐的私藏烹饪方式，如果你的好奇心足够多，他还会跟你分享这家店的不同寻常之处。

第一次看到这个店名时我便想到了哈利·波特，而对母语是法语的人来说也许第一反应是会心一笑，因为哈里·科弗在法语中是"绿豆"（Haricot Vert）的谐音。店主热拉尔·洛利（Gérard loli）显然很喜欢玩文字游戏，他说如果不开果蔬店，可能会去广告公司写文案。这家在巴黎并不算起眼的果蔬店于1974年正式开门迎客，而它背后的渊源可以追溯到20世纪初期。

热拉尔的祖父母是意大利移民，在20世纪初期移居巴黎。他的祖母曾在车站附近卖大蒜、柠檬和鲜花。后来他们搬到了凡尔赛，热拉尔的父亲在14岁辍学，从此开始帮助父母照顾生意。如今年过花甲的热拉尔和他的孩子们继续耕耘着这个"祖传"基业。

比起巴黎众多的果蔬店，哈里·科弗的店内空间不算大，但能想到的果蔬那里都一应俱全。苹果、香蕉、小西瓜、哈密瓜、桃、李、杏还有各种浆果，它们并没有像大部分菜

哈里·科弗

店那样一筐筐地随意堆放着，而是混搭进筐，像一筐充满诱惑的小小盛宴。干草丝和枯树干这些极具自然感的素材装饰着货架，旁边还有店内自制的果酱。

也许连很多巴黎人都不知道，其实在整个城市苏醒之前，一辆辆货车就已前往巴黎南郊的兰吉（Rungis），在那里有欧洲最大的食材和鲜花市场。大部分巴黎的果蔬店、海鲜店和花店都从那进货，你甚至会寻到米其林大厨的踪迹。热拉尔每天凌晨3点起床，凌晨4点到达兰吉市场开始细心挑选果蔬，显然这不是一个轻松的职业，他只希望花时间把工作做好。他说最令他感到快乐的就是当他发现某种食材时，瞬间想到某个顾客一定会喜欢。而在兰吉市场存在之前，热拉尔的父亲就已经独立做起了进口香蕉的生意，他从美洲马提尼克岛（Martinique）采购香蕉，然后在法国等待香蕉成熟再卖出，这在当时成为这家果蔬店的特色产品。

从小对农产品行业轻车熟路的热拉尔不满足于简简单单地继承祖辈的生意，他渴望在概念上更进一步，于是他创立了自己的品牌哈里·科弗。"我对我所做的事情充满热情，我通过选择最好的生产商来支持可持续发展的农业。有机农产品的生产溯源是一个细节，因为欧洲各国的相关法律不一样，例如在以色列，种植农作物之前你必须确保土地已

Harry Cover

哈里·科弗

Harry Cover

080

哈里·科弗

经休耕了4到5年,然后才能为你的产品贴上有机标签。但在意大利则只需要休耕2年。还有比如西红柿,在巴黎大部分超市都有某个品牌,但我选择了布列塔尼的一个生产者,因为他采用可持续耕作,不使用杀虫剂,而是在温室里放一种瓢虫来对付其他昆虫。"

说到西红柿,他说人们对日常购买的果蔬了解太少,"西红柿大概有200多个品种",他希望能通过一种方式宣传农业知识,"我们的工作有点不被大众重视,我希望能指导人们根据季节性、原产地、品种差异来选择水果蔬菜,因为这些都影响着农产品的属性和味道。"

"因此,如果人们想烹饪一个西红柿,例如,烹饪一个带馅的西红柿或普罗旺斯西红柿,那么,若选择产地为法国的,我们会用马曼德西红柿,因为它更小,且拥有更多的果肉,果肉不太多汁,因此在烹饪时只会释放出较少的水分(因为其肉质更致密紧凑)。当你把它放进烤箱时,它不会产生大量汁水,果肉会很好地固定在一起,馅料也会更好地融入其中,口感也会非常好。这是人们不知道的信息。所以,当他们看到大西红柿时,就会拿大西红柿来做这类菜。"

哈里·科弗的果蔬大部分来自法国本土,因为法国有很好的农业资源。热拉尔每每说起店里的果蔬都口若

悬河:覆盆子来自卢瓦尔河大区的旺代省(Vandée),鸡油菌产自法国索罗涅天然林区,它们的价格都比葡萄牙进口的更贵,但品质更好。但他们也会进口特殊的品种,比如意大利的小胡瓜和西班牙的野草莓,还有西印度群岛中瓜德罗普岛的甜瓜。"这种甜瓜来自于一个特别的生产商,他们在1957年开发了计算甜瓜含糖量的工艺,由此变得非常有名。"热拉尔说有些果蔬虽然外表看起来不怎么样,但却有着非凡的味道。尽管好看的产品会更吸引顾客,但他认为味道比外表更重要。当问到有没有让他感到骄傲的产品时,这位意大利裔的法国老先生提到了一种产自西西里岛的小番茄:"它用海水灌溉,有着很特殊的味道,当人们品尝过后都会感叹:已经许多年没吃到过这样的番茄了。"

哈里·科弗

从埃菲尔铁塔步行到这里只需要几分钟,而且果蔬的价格也很亲民,热拉尔希望不同消费水平的人都能光顾,他还会告诉顾客哪些水果在几天之内应该吃完。哈里·科弗与许多餐厅合作多年,但他希望逐步减少与餐厅的合作,因为一些餐厅为了节省成本会降低对质量的要求,这不符合他的原则。目前哈里·科弗的固定客户大部分是被热拉尔称为美食家的私人客户,"因为他们对美食非常敏锐"。他欣赏的客户包括法国著名主厨西里尔·利尼亚克(Cyril Lignac)和克里斯蒂安·康斯坦(Christian Constant),以及同在7区的餐厅火星泉(La Fontaine de Mars)和阿尔玛咖啡馆(Café de l'Alma)。

哈里·科弗

哈里·科弗

有一天和朋友在孚日广场（Place des Vosges）闲逛，那附近有两家我很喜欢的手工店，一家是做珠宝的贝尔南·西尔万（Bernard Sylvain），另一家是做音乐盒的怀旧工作室（Atelier Autrefois）。在两店之间有一处对外开放的大院，隶属于法国宪兵组织，院里有咖啡厅和露天座位。2020年巴黎市政府挑选了10家企业在大院周围设立工作坊和店铺，SCF便是其中之一。

SCF是一家法国时装行业著名的供应制造商，他们在肖莱（Cholet）的工厂主要生产花边、鞋带、绳索、绳边以及分类繁杂的辫饰。2013年，SCF购买了一千多台木制纺织机，大部分产自19世纪末，其中最古老的一台可以追溯到1830年。这些在时光流逝中被完好保存的机器曾属于收藏家居伊·加缪（Guy Camus），他曾定期购买并修复老的纺织机。

肖莱编织坊

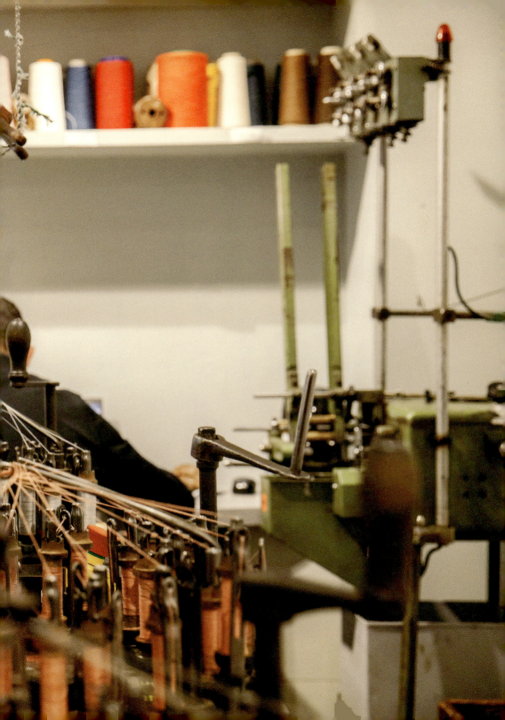

花边织机大约诞生于18世纪40年代，这种机器在当时生产效率很高，只需要一个人操作，每天就能生产一百个花边。1783年法国引进了德国巴门织机（Barmen），并通过对其进行改进发明了法国木制纺织机。1785年人们对之前的纺织机继续优化，通过发明了一个称为"鹅脚"（goose-foot）的部件使其实现了自动化。SCF通过使用传统的木制纺织机生产出线，然后对线进行上蜡或上釉，再在两端用醋酸纤维或金属固定。翻修旧机器或者让一个功能完好的旧机器重新运作都不是一件简单的事，因为它们很可能已经被闲置了几十年，并且没有什么操作说明。因此在工业自动化高速生产的大环境下，SCF将重启这些机器视作一种创新，因为它们在今天为传统赋予了新的价值。

肖莱编织坊

2021年春天才在巴黎开设门店是为了改变过去那种限于企业与企业之间的经营方式，而与大众客户更接近，同时将这些传承于19世纪的珍贵机器与技艺普及给更多的人。爱好者可以在这里学习理解这些机器如何运作，并能在培训后亲自操作且制作出自己喜欢的编织作品。不管是参照传统图案和配色，还是完全创新，你都可以跟它一起大展拳脚。SCF的经理奥利维耶（Olivier Verriele）用一台花边织机向我演示了如何改变编织的图案和配色。不仅传承古老的工艺，"我们总是在创新，与不同的设计师合作。我们很快会发布新的扶手椅和台灯。"奥利维耶说。

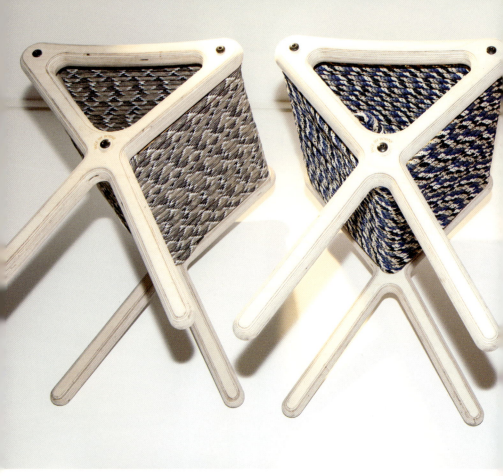

SCF

除了各种不同尺寸、材质、颜色的缎带，店内所出售的商品中最让我感兴趣的是专注织物的艺术家索菲·达拉·罗莎（Sophie Dalla Rosa）与 SCF 合作设计的一个编织绳木凳系列，他们将之命名为绳凳（Tabcord）。另一个吸引我的设计是一款叫 Caba 的布袋，它不是由一块布料制作的，而是将一条宽的编织带拼贴在一起的设计。设计师阿莫里·鲍雷（Amaury Poudray）设计了这个袋子系列，通过一次性缝合一条 8 米长的带子来制作，他利用了 SCF 之前主线产品的剩料来制作，因此有许多不同颜色和质感的款式。

如果不满足于店内可直接购买的商品，你也可以要求定做。他们不仅与大品牌合作定制款，SCF 工厂也接受个人小于 100 米材料长度的订单，你可以挑选自己喜欢的编织法和任何颜色，根据自己的灵感和喜好去设计或是参考他们提供的编织方式。这样的编织带订单他们每周大约能接到 150 份，制作周期是 5 个工作日。

肖莱编织坊

SCF

100

肖莱编织坊

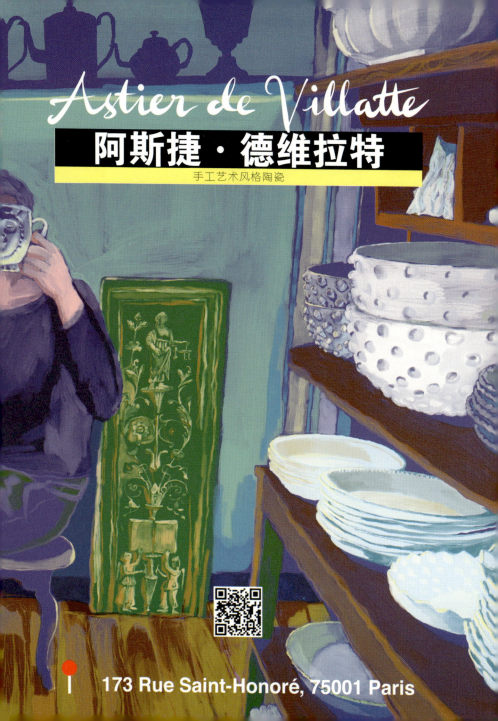

Astier de Villatte

阿斯捷·德维拉特（Astier de Villatte）标志性的陶瓷是用乳白色覆盖在一种黑色（深灰色）黏土上从而透出一种"粗糙"的独特质地，再加上大部分陶瓷造型浑然天成的手工感——介于不经意间的不完美与刻意的不完美之间。今天经营着这个品牌的是两位创始人伊万（Ivan）和伯努瓦（Benoît），两人相识已三十年。他们都曾是美术学院的学生，还拥有相似的家庭背景，伊万的父亲是诗人，伯努瓦的父亲是画家。两人亲自参与创作了店内的一部分陶瓷作品，但他们的创意宇宙中更多的作品来自与不同身份背景的创作者们的深度融合。合作的维度和元素都是不设限的，巴黎、东京、纽约……陶瓷、香水、蜡烛、文具，甚至有出版物……

与纽约设计工作室 PATCH NYC 合作的黑色插图风格的盘子，与艺术家塞雷娜·卡罗内（Serena Carone）合作的金戒指造型把手的杯子，与艺术家纳塔莉·莱特（Nathalie Léte）合作的蘑菇造型、树干造型和各种肉食造型的陶瓷，与装饰艺术设计师约翰·德里安（John Derian）合作的陶瓷加图像作品……阿斯捷·德维拉特与他们的合作使整个品牌更具创造的可能性，同时也增添了温暖的人情味。

阿斯捷·德维拉特

店内销售的出版物不多,但也是创始人个人品位的体现:除了有关他们品牌的书籍之外,有一本关于赛·通布利(Cy Twombly)起居空间和他艺术工作室的影集;一本手工装订的凸版印刷的巴尔蒂斯(Balthus)画集;还有一本让我比较诧异的他们为卢·杜瓦永(Lou Doillon)出版的速写手稿集。我对卢·杜瓦永的艺术作品此前闻所未闻,当我对法国友人提起她的名字时,大部分人只知道她是简·伯金(Jane Birkin)的女儿,夏洛特·甘斯伯格(Charlotte Gainsbourg)同母异父的妹妹。但翻开她的画集,就不会对这样的合作感到意外了,因为卢·杜瓦永的速写手稿充满了对手的描绘,从有趣的场景到奇特的手势,带着一些寂寞和缺失的感觉。

Astier de Villatte

阿斯捷·德维拉特

伯努瓦的姐姐玛蒂尔德（Mathilde）是阿斯捷·德维拉特最早的创始人之一，她和父亲一样是一位雕塑家，她在品牌创立初期以处理黏土的原始粗糙方式启发了他们此后独特的风格。与美国设计师约翰·德里安的大量合作将陶瓷餐具和古董艺术的气质进一步完美结合。德里安以其复古装饰艺术风格的家居用品在纽约声名显赫，作品涉及的内容也很广泛，从杯垫、托盘、餐具，到各种小件古董。双方的合作也让阿斯捷的陶瓷上出现了复古的图像艺术：超现实主义的眼睛茶壶，印花餐盘，海星，陶瓷"调色盘"……

另外，阿斯捷·德维拉特的空间装饰也有和德里安在纽约东村店内极为相似的做旧氛围感。德里安对古董质感的追求能精细到墙壁，比如将墙壁先涂上深色，然后覆盖白色涂层，干燥后再做自然开裂的效果，然后是一遍遍的细节处理，上釉、哑光处理……一般复古风格的空间都难以做到那么仿真的程度。而阿斯捷·德维拉特在巴黎第一家店面的前身是18世纪的一个药店，在接手时两位创始人希望空间能尽量保留之前的特色。

在白天光顾时，店内的三分之一空间仍然有一种刻意营造的昏暗，这种气氛更加贴合一些陶瓷的艺术气息，在过于明亮的地方太多陶瓷放在一起反而会让人忽略细节。

Astier de Villatte

Astier de Villatte

阿斯捷 · 德维拉特

著名的调香师弗朗索瓦丝·卡龙（Françoise Caron）也与阿斯捷·德维拉特的香氛系列展开了合作。我印象最深的是香氛蜡烛，因为它们的名字以世界各地不同的地点命名，包装盒上印着不同地图的图画。创始人希望人们通过气味的联想在感觉中旅行。提到包装盒，阿斯捷·德维拉特看似随意的风格实则精心细致。他们与巴黎传统凸版印刷师于安（Huin）先生合作，印刷了所有的文具、目录和香氛产品的包装盒……即使是纸质笔记本的封面也是手工印刷制品，因此没有完全一样的两本封面。值得一提的是，于安先生所使用的印刷机来自于1885年的家族印刷厂。

Astier de Villatte

阿斯捷·德维拉特

Astier de Villatte

阿斯捷·德维拉特

Astier de Villatte

此外,阿斯捷·德维拉特的一些经典陶瓷作品是与巴尔蒂斯的遗孀——日本艺术家出田节子(Ideta Setsuko)合作的,这段奇妙的缘分源自创始人的父辈。童年时伯努瓦和家人曾一起生活在罗马法国学院所在的意大利美第奇别墅(Villa Medici),与巴尔蒂斯一家是邻居。阿斯捷·德维拉特也与巴黎的其他品牌有友好的合作关系,比如莎士比亚书店以及巴黎最老的巧克力店一家之母(À la Mère de Famille)。

阿斯捷·德维拉特

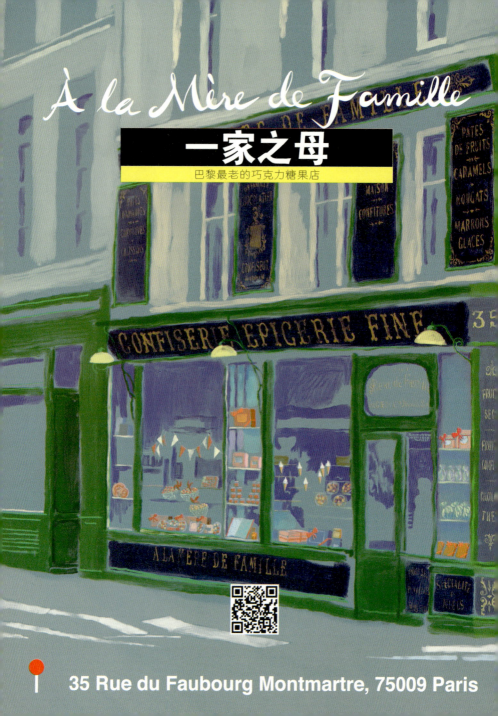

一家之母（À la Mère de Famille）是巴黎最老的巧克力糖果品牌，位于蒙马特大街（Faubourg Montmartre）的商店前身是 1761 年由皮埃尔·让－贝尔纳（Pierre Jean-Bernard）开设的杂货店。从 1807 年开始，这家杂货店转由皮埃尔的女儿马里耶－阿代拉伊德（Marie-Adélaïde）经营，1810 年一位美食家在他的《美食家年鉴》中推荐了马里耶－阿代拉伊德制作的熟食，使得这家店在巴黎声名鹊起。1856 年，马里耶－阿代拉伊德的儿子费迪南（Ferdinand）开始将这家店的主营业务转向糖果行业。在过去的两百六十多年中，它由最初的一家杂货店逐步转变为今天的传奇巧克力糖果店，并成为无数巴黎人美好的童年回忆，光临此店也成了巴黎人一代代传承下来的"习俗"，其店址被列为法国历史遗迹。

店外的墨绿色大理石板和木框上刻着的金色文字，让走到路口的人忍不住多看几眼。店内古老的瓷砖、木质柜台、复古吊灯，都带着怀旧的气息。这里的顾客很多都是在童年时和父母一起来，再后来和他们的孩子甚至孙子一起来。店里的许多甜品制作方式都是自 18 世纪开店时保留至今的，但在过去的三十多年间，他们将巧克力配方中的含糖量减少了三分之二。

一家之母现在由多尔菲（Dolfi）家族打理，在接手这家古老的生意之前，父亲艾蒂安（Étienne Dolfi）曾是这家

店的果糖供应商。现在多尔菲家的四个孩子负责管理这个品牌的方方面面，平时他们都会在办公室处理不同的事情，但在假期则是一家人都去店里与店员一起工作。"我父亲负责送货，我弟弟在收银台，我准备几盒松露，会计负责制作礼品包装。"长子史蒂夫（Steve）提起有一次一位九十多岁的老奶奶去店里对他们表达感谢，因为她小时候常和自己的奶奶去，同样的地址，同样的装潢。这样一代传一代的忠实顾客大概是全世界所有店铺都梦寐以求的。

从可可豆开始制作巧克力，从奶油和糖开始制作焦糖，从干果开始制作果仁糖……这家店的商品都是在自己的厨房里从原料开始制作的。不仅有两百多年不变的配料制作，他们也有一个美味实验室致力于创造新的单品。有一款像鹅卵石似的果仁糖巧克力叫蒙马特宫殿（Palais

À la Mère de Famille

Montmartre），是他们几年前才推出的。但创意对他们来说一定要基于保留经典的味道，"例如，在冰淇淋系列上，我们的口味仍然非常经典：覆盆子、开心果、香草……但我们做得非常好，有非常好的产品，所以我们知道了如何很好地制作香草冰淇淋，然后才会考虑其他形式。"

冰糖栗子、方块棉花糖、水果馅儿的巧克力软糖、果仁牛轧糖、经典焦糖、各种蜜饯、杏仁软糖、康布雷条纹糖（Bêtise de Cambrai）……这家店自制的产品多达上千种。

孩子们最爱的圣诞节日历（Advent calendar）也能在这里买到，这种日历里的每一格藏着不同味道的甜食，用来倒计时圣诞的天数。每年这家店都会和不同的艺术家合作制作这个日历，传统而充满新意。

一家之母

在我学法语时看过一部法国电视剧《弗门丧歌》(Vernon Subutex),改编自法国作家维尔日妮·德庞特(Virginie Despentes)的小说。男主角曾在20世纪80年代以卓越的个人音乐品位和友好开放的经营方式,成功经营了巴黎文艺青年圈子里流行一时的唱片店,故事以他落魄时求助于过去他以唱片店为中心建立起的小圈子展开。那家唱片店的气氛带着典型18世纪沙龙文化在巴黎留下的影子,这让我联想起一家书店。

一排印着店名的基本款原创设计衣服随性地摆放在路边,橱窗上贴着最新的时尚杂志海报,一种鲜明年轻社群文化的感觉也许是大部分顾客初到Ofr书店时最普遍的印象。这家以贩卖非本土杂志起家的小书店,以一种漫不经心的有趣气质在巴黎的一众书店中脱颖而出。

柜台旁的店主和店内几位年轻店员都沉浸在书本中不谙世事，这样的场景让我顿时理解了为何网上会有对这家书店店员态度的负面评价。他们似乎把所有热情都留给了书籍，没有专业培训过的待客之道，更没有统一的制服，而是以一种放松、平等的方式工作着，甚至"混迹"在读者中难分主客，但如果你有问题询问，他们还是会笑脸相迎。

这家书店的原型初次现身于26年前，当时马里耶（Marie Thumerelle）和她的兄弟亚历山大（Alexandre Thumerelle）以销售在巴黎很难找到的杂志为主。他们精心挑选杂志并在巴黎各处销售，形成了自己的销售网络，这种新颖的营销方式在那时对许多书店都造成了挑战。

那时他们从世界各处订购杂志，因此需要一间仓库。当时的出版商很高兴在巴黎能有人在先锋之所免费寄卖他们的杂志，马里耶和亚历山大仅通过销售杂志收取一点费用。这个仓库是临街的，成堆的杂志堆满了空间，人们很喜欢进去逛逛并直接从这个仓库购买自己喜欢的杂志。随着他们的"仓库"书店越来越成功，他们逐步增加了书架和桌子，并在墙壁上展示一些相关的艺术家作品以及出版物。他们希望能为巴黎人提供那些难以触手可及的出版物，并潜移默化地影响了巴黎的图像创作行业。

独特的经营方式主要展现在 Ofr 私人化的书目和商品类型。除了来自各国最新的时尚杂志，琳琅满目的艺术设计类书籍也是这里重要的组成部分，既有严肃的建筑设计又有冷门的摄影集。尽管文学类书籍并非主打，但只要是店主偏爱的小说或自传，就能在这里找到，主要是法语版和英语版，但有的也有其他语言的版本。

如果你去之前已经有了心仪之选，那在 Ofr 有些凌乱的书堆里你也许会找不到头绪。相反如果你只是去闲逛，那么随手翻翻堆在桌子和书架上的书，你很可能会花很长时间沉浸其中，最终会遇到令你难以释手的那一本。

书店里还有一个窄小的走廊连接着 Ofr 画廊，其中的展览总是与书店里的某本出版物有关。"这是我们心灵的选择。"书店每天开门，每个月有至少 4 个活动，有时是为期一周的展览，有时只是一个傍晚的签售会。

不论是对画廊展品的选择还是对图书的选择，两人一定亲力亲为。如今 Ofr 仍然保持着对全世界出版物的好奇心，尤其是一些稀有版本。马里耶和亚历山大乐于与人分享他们的发现，因此在创办初期就发行了自己的报纸《幌子》(*Prétextes*)，主要介绍与巴黎相关的人和地方，

丰富的心灵旅行，或是他们喜欢的艺术家。他们也销售艺术家自行出版的书籍。

今天的 Ofr 也销售副线产品，并且做得有声有色，从最受欢迎的帆布袋，略带复古风格的帆布鞋，到法式纯棉渔夫帽，一切都是环保和有品位的。他们的产品仅与巴黎的邻居们合作生产，装裱店就在隔壁的马路，T恤衫和布袋是在隔壁区定制的，还有来自他们的好友自己制作的蜡烛。"本地，本地，本地。" 马里耶强调着，"因为我们喜欢和人面对面沟通，这样更简单、直接、有效。"

在过去的 26 年间，他们以巴黎为中心，从伦敦、哥本哈根，到东京、首尔……向全球一千多个城市扩散。因为定居在巴黎，马里耶和亚历山大并不能真正去经营其他城市的书店，同时他们又想保持和体现 Ofr 的精神，因此他们通过一些临时短期的或最长 2 年的书店形式在巴黎以外的诸多城市里向世界散播着 Ofr 的魅力。

Ofr 书店画廊

关于书店的风格,马里耶总结道:"混乱有序(an organized mess),这是我们的灵魂。"他们仍然保留着初期"仓库书店"的影子,没有员工会议,没有策略性的安排和布局,一切随心而人性化。"我们总是在这里,直接与编辑、顾客、艺术家见面。一切都是混合在一起的,每一天都有惊喜,不同年龄的客人们,有些巴黎人从Ofr创始至今都是常客。"

"我们选择销售的书刊都是令人兴奋的,充满魅力和个性,能给人带来冲击的,否则我们就不会选它。"

互联网的出现和网络购书的发展对许多实体书店都造成了重创,但对Ofr却并无影响。"26年来,我们一直在,一直开放。"到这里逛一逛,在几千本令人惊喜的出版物中选一两本自己喜欢的"获得灵感,或是对一本书一见倾心,这些体验不是对着屏幕能获得的"。

Ofr

Ofr 书店画廊

Artazart 书店画廊
圣马丁运河边的插画摄影书店

 83 Quai de Valmy, 75010 Paris

在 20 世纪的最后一年，卡尔·于格南（Carl Huguenin）和热罗姆·富尔内尔（Jerome Fournel）决定创办 Artazart 书店，他们最初的创想是利用当时刚开始发展的互联网做一家网络书店。2000 年的一天，巴黎的一家小工厂正在转让他们的旧址：这个空间位于河畔，与周边的商户相比面积算是相当大的。卡尔和热罗姆一拍即合，接手了这个空间并在此开起了他们的书店。当时的圣马丁运河一带的环境是比较工业化的，Artazart 书店的出现为这里增加了文化气息，沿着运河散步的人总会停下脚步在此看书，他们也和邻居们相处得很好。

随着书店的成功经营和发展，他们扩大了团队，并将外墙涂成引人注目的红色。而其中售卖的图书品种也从最初的平面设计类扩大到了今天的所有视觉艺术类，其中还包括大量面向儿童的绘本。

Artazart

Artazart 书店画廊

Artazart

书店中摄影类的书目非常丰富，大多为摄影师的个人作品集，其中有著名的摄影师，如薇薇安·迈尔（Vivian Maier）、黛安·阿勃丝（Diane Arbus）、南·戈丁（Nan Goldin）、萨莉·曼（Sally Mann）、罗伯特·弗兰克（Robert Frank）、罗伯特·梅普尔索普（Robert Mapplethorpe）……也有一些我从未听说过的，如马丁·博格伦（Martin Bogren），我在这里发现了一本他的作品集《乘客》（*Passenger*），他的作品带着高感光度的黑白胶片特有的颗粒感，以及重曝、脱焦加上偶有漏光烘托出的迷幻氛围，让我觉得相识恨晚。

2021年春季在Artazart举办的摄影展"泳池"（*La Piscine*），展出了著名新闻摄影师吉尔·里古莱（Gil Rigoulet）的宝丽来摄影作品，这是以水和人体为主题的系列。他曾是法国《世界报》（*Le Monde*）在80年代的第一位签约摄影师，并为其工作了二十多年，此前他的作品也得到过很广泛的展出，包括在巴黎自然历史博物馆。

书店的另一大特色就是插画，这里不仅有来自世界各地各式各样的插画书，还有他们常年合作的巴黎艺术家们的插画作品周边，包括手工印刷的限量版画、挂轴画、塔罗牌、餐盘等。

Artazart 书店画廊

Artazart

Artazart 也出售珍本，这些珍本不是绝版就是数量极为稀少的版本，比如艺术家自行出版或出版社发行的特殊版本，价格从几十欧元到上千欧元不等。

如果你足够幸运，还有可能在这里偶遇作者本人，并得到一本现场签名的书。因为 Artazart 和许多巴黎成功的品牌一样十分看重与艺术家的合作关系，这里经常会举行插画家和摄影师的作品集现场签售。

书店的窗口挂着很多装在布面花盆套里的植物，这些花盆套来自一个法国设计师品牌，有单个的也有连体的，两个或四个一组。还有一种可拆分的玻璃和陶土花盆，将陶土盆浸泡在盛水的玻璃花盆中，对植物形成了更稳定的仿原生态的湿度环境。就连浇花的产品也注入了温暖的设计：由手工制作的小葫芦造型的红砖土水壶，在加满水后只需在顶部的开口处松开手指，水流就会从底部浇灌而下，是一种原始而有趣的设计……这家书店对植物的热爱可见一斑。

书店的营业时间是每年 363 天，除圣诞节和元旦之外，它都在运河畔为读者开放。虽然这对于亚洲读者来说也许很平常，但在法国是很难得的，因为大部分法国商户都会在每个星期天歇业，很多店主甚至会在夏天花一个月去度假而关门谢客。

Artazart 书店画廊

Artazart 书店画廊

Artazart

Artazart 书店画廊

Marché Dauphine

欧洲古老的跳蚤市场都诞生于市政权利布局与阶级消费差异的冲击和夹缝中,现在我们所说的二手物品销售或旧物回收,都源自一个古老的职业——捡破烂。

19世纪70年代,在巴黎市区依靠捡家家户户的废品为生的人们被政府赶出了巴黎,他们只得搬到郊区居住。1883年,时任省长的普贝尔(Eugène Poubelle)为了治理巴黎市区的卫生环境,决定强制推行家庭垃圾容器,这种带盖的金属容器正是我们今天所说的垃圾箱。由此普贝尔成为现代史上公认的垃圾箱的发明者,他的姓氏也作为垃圾箱的直译被纳入法语词典。普贝尔的立法遭到了当时这些底层人民的反对,随后他允许他们在凌晨进入市区,在垃圾桶里翻找东西。

所谓的垃圾破烂只是不再被需要的资源,这些资源经过当时生活在巴黎郊区避难所里的人们回收整理,成为他们唯一的经济来源。在克利尼昂库尔门(Porte de Clignancourt)和圣旺(Saint-Ouen)之间,他们白天将自己找到的物品摆出来卖,形成了一个小型市场。起初由于市场的卫生条件较差,被人们戏称跳蚤市场(Marché aux Puces),而这个略显阶级嘲讽的名字却被沿用至今并引入了其他语言中。

太子妃市场

竞争促进了产业优化，这个市场所出售的商品和它的卫生环境变得越来越好，在它周围甚至还出现了马戏团、游乐场、小餐厅……很快它引起了当时巴黎市区居民的兴趣，从一堆杂七杂八的旧货之中寻觅价值惊人的首饰或古董形同一种淘金游戏。人们渐渐把周末到这里逛逛变成了一种潮流。二手行业的兴起自然也被法国政府注意到了，1898年职业分类专用的法规条例中增加了二手商这一项，职业描述为"旧家具、衣服、书籍、珠宝、餐具，以及其他物品和商品的转售者"。这一法规也再次加快了这个市场走向成熟。

现如今，圣旺跳蚤市场是世界上最大的古董艺术品经销商的集中地（古董商、二手商和艺术画廊加在一起大约有1100个），也为这里赢得了"世界阁楼"（Grenier du Monde）的绰号，因为西方许多家庭有在阁楼堆放旧物的习惯。圣旺跳蚤市场也是全球到访巴黎的游客们主要的旅游景点之一。据统计它是巴黎第五大旅游目的地（仅次于欧洲迪士尼乐园、巴黎圣母院、卢浮宫和埃菲尔铁塔），每年有超过500万游客。

整个跳蚤市场目前由十二个非露天市场组成（Antica, Biron, Cambo, Dauphine, l'Entrepôt, Jules-Vallès, Malassis, le Passage, Paul Bert and Serpette, l'Usine, Vernaison）。五条购物街（Jules Vallès, Lecuyer, Paul Bert,

Marché Dauphine

太子妃市场

Rue des Rosiers, Impasse Simon），以及在人行道上摆摊的商人，每个人都有自己的特点，形成了一个多样而和谐的整体。

记得我第一次去那里时并不知道整个圣旺跳蚤市场有多大，慢慢悠悠地逛了一下午才听同行的朋友说只逛了五分之一，意犹未尽的我只得第二天又去了一次。所以如果你希望收获满满不虚此行，那我建议你在周六早晨10点之前出发。

阴晴不定的巴黎说风就是雨，在逛维纳森（Vernaison）市场时突降大雨，我在寻找避雨点的时候发现了这个在圣旺地区我想重点推荐的地方——太子妃市场（Marché Dauphine）。它于1991年开业，当时跳蚤市场的治安环境令许多光顾者忧心，于是集中管理的非露天市场应运而生。他们筛选固定经营者，保证商户的多样性（市场外能见到的各类古物在这里都一样能找到），更重要的是确保了顾客的随身财物安全。

Marché Dauphine

太子妃市场

太子妃市场

巴黎市内有一些19世纪建造的颇具特色的拱棚廊街（Passages Couverts）沿用至今，比如维维恩（Galerie Vivienne）、茹弗鲁瓦（Passage Jouffroy）、全景（Passage des Panoramas）廊街等。这种很能代表巴黎特色的廊街，以在建筑之间修建拱形的钢架玻璃顶棚形成长廊为特色，廊街内有各种手工艺店铺、画廊、古董店、书店……廊街最初的功能就是作为巴黎原创的小商场，而同样顶棚构造的太子妃市场也有类似的感觉，并且两层的结构更宽敞，也容纳了更多令人眼花缭乱的惊喜：古董油画、珠宝首饰、徽章胸针、唱片机、收音机、茶具、手工地毯，以及航海贸易时期漂洋过海而来的亚洲古董……既有价格不菲的古董家具，又有明码标价的廉价珍奇。

对于大部分时间有限的人，尤其是只能在巴黎驻足几日的游客，若是想轻轻松松逛一处跳蚤市场，那太子妃市场也许是最佳选择。

努比亚地区的金属铜像，突尼斯的金属鸟笼，坦桑尼亚的马库瓦人面具，拿破仑三世时期的青铜大理石香炉和烛台……市场里许多人带着儿童仿佛是在逛博物馆，对于耐心而好学的人来说，跳蚤市场也可以是充满教育意义的。因为这里能触发各学科的话题：地理、历史、美学……在这个许多人在网络中购买

Marché Dauphine

太子妃市场

游戏"皮肤",或通过 NFT 平台购买属于自己的极简像素画风格的社交头像的时代,在跳蚤市场也许仅需要游戏里消费"皮肤"的同等价格,你就可能买到一幅 18 世纪的小油画或是一封 19 世纪的法国名人笔墨信件。且不论虚拟与物质审美的高下,仅从在这里东张西望的十分钟里,你就能获得极大的审美体验。

太子妃市场二楼的二手服装店里不仅有过去法国大牌设计师的经典套装,还能发现一些有趣的制服和巴黎剧场的演出服,一些在现在看来仍工艺精致、设计超前的礼服,它们在穿梭了漫长的时光旅程后仍在等待新的主人令它们重新焕发光彩。

太子妃市场

Marché Dauphine

太子妃市场

从楼梯旁一大盒一大盒的黑胶唱片里,你或许能找到70年代发行的甲壳虫乐队的唱片,还有涅槃乐队、平克·弗洛伊德……转角处的一家店卖古董书,也卖和摄影相关的旧物件:各种品牌的老相机,立体影像的幻灯片玩具,还有无数来历不明的老照片(包括底片)。古董家具店里,老板一边回答客人关于摄政风格镶嵌工艺的问题,一边忙着用清漆修复18世纪一件橡木抽屉柜上的小瑕疵。随行的友人被一件家具吸引了,老板点头致意后说:"那块桌面是皇家红色大理石,旁边的雕塑材质是比利时的迪南(Dinant)黑色大理石,颜色很纯正,是因为这种大理石形成的时期很早。"

Marché Dauphine

太子妃市场

一架橙色的"飞碟"坐落中央,这个名叫"Futuro"的空间是由芬兰设计师马蒂·苏罗宁(Matti Suuronen)在60年代末设计的UFO形态的定制房。60年代未来主义设计在家具方面以流线型设计和丰富的颜色表达了对未来生活空间的幻想。这件作品有多个版本,其中包括被赫尔辛基设计博物馆收藏的版本。位于太子妃市场的这个飞碟由艺术品经销商贝努瓦·拉莫尼诺(Benoît Ramognino)安装,他于20世纪80年代就已经在跳蚤市场上卖设计师卡萨尔·坎(Quasar Khanh)的充气家具作品了。卡萨尔·坎的作品在当时被视为极端先锋的艺术设计,现如今也常常出现在全球各大设计博物馆的展览中。橙色"飞碟"借着无数游客的喜爱和合影留念显然成了一个小地标,而拉莫尼诺的家具画廊也成了太子妃市场最有名的店铺之一。

太子妃市场

太子妃市场

Marché Dauphine

太子妃市场

天气好的时候室外的维纳森市场也值得一逛，简易平房构成的巷子里各种各样的小店都彰显着自己独特的一面，有些比较窄的地方让我想起曾经生活在北京的胡同中经常会路过的烟袋斜街。还有藤蔓覆盖的店铺外，店主坐在露天座位上抽烟，与路过的人聊天。

Marché Dauphine

太子妃市场

位于圣旺玫瑰（Rosiers）路上的75号店也是一个很独特的存在。店主贝尔（Bayle）是一个狂热的航空爱好者，他将飞机部件的原件用作家居装饰，从发动机到螺旋桨，以及机载仪器和机身，原始形态和被他加工改造过的都有，他甚至用它们制造个性十足的手工家具。墙上的"装置艺术"也许来自20世纪50年代的客舱或驾驶舱。

Marché Dauphine

太子妃市场

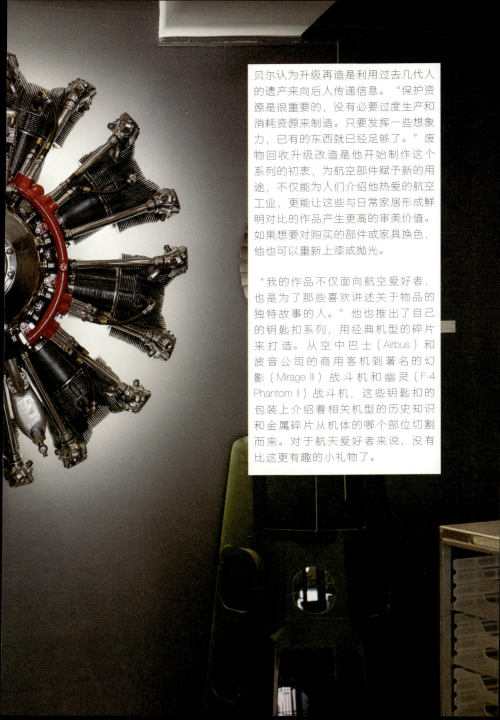

贝尔认为升级再造是利用过去几代人的遗产来向后人传递信息。"保护资源是很重要的,没有必要过度生产和消耗资源来制造。只要发挥一些想象力,已有的东西就已经足够了。"废物回收升级改造是他开始制作这个系列的初衷,为航空部件赋予新的用途,不仅能为人们介绍他热爱的航空工业,更能让这些与日常家居形成鲜明对比的作品产生更高的审美价值。如果想要对购买的部件或家具换色,他也可以重新上漆或抛光。

"我的作品不仅面向航空爱好者,也是为了那些喜欢讲述关于物品的独特故事的人。"他也推出了自己的钥匙扣系列,用经典机型的碎片来打造。从空中巴士(Airbus)和波音公司的商用客机到著名的幻影(Mirage Ⅲ)战斗机和幽灵(F-4 Phantom Ⅱ)战斗机,这些钥匙扣的包装上介绍着相关机型的历史知识和金属碎片从机体的哪个部位切割而来。对于航天爱好者来说,没有比这更有趣的小礼物了。

Maison Auclert

奥克莱尔

使用古董材料做珠宝的设计师

10 Rue de Castiglione, 75001 Paris

马克·奥克莱尔(Marc Auclert)来自一个古董商家庭,他对古董的鉴赏力是在从小的耳濡目染中培养起来的。读书时他曾在跳蚤市场打工,用人生中的第一笔薪水买了一个高度超过6英尺的古董窗柜,之后是市场上朱尔·库埃(Jules Couez)的后印象派画作。在收藏初期,单件古董本身的价值并不是最重要的,更有长久意义的是当你带着好奇心去了解一件古董,你可以从与它有关的知识中进入不同的历史时刻,这能激发一个收藏者的兴趣并积累更多的知识财富。

当一个收藏者对古董的某些具体领域有了逐渐清晰的偏爱——这通常源于复杂的潜意识,就可以展开对品质本身的进一步追求了。许多收藏者会在这个阶段专注于单项收藏,比如古董家具或是古董车,马克·奥克莱尔则进入了珠宝领域。

马克·奥克莱尔曾作为鉴赏专家在珠宝行业工作了二十年,他曾任香奈儿的珠宝总监,苏富比珠宝拍卖的负责人,以及戴比尔斯的亚洲首席执行官。49岁时马克回到巴黎,当他面对着自己收藏的古董时,他经常想象如何能让它们用另一种方式重新闪耀自己的价值。多年前马克·奥克莱尔曾用一块青蛙造型的

Maison Auclert

奥克莱尔

Maison Auclert

前哥伦布时代的黄金古董自制过一枚戒指。在文艺复兴时期,许多工匠就已经开始利用带有雕刻和绘画成品的材料尝试做新的设计。18 世纪罗马著名的珠宝设计师路易吉·瓦拉迪耶（Luigi Valadier）也曾将古董材料使用在他为贵族定制的作品中,而这种改造古董的形式也曾在 19 世纪的法国珠宝界风靡一时,并被称为考古复兴主义。

19 世纪,以欧洲为首的考古学界迎来了蓬勃发展,考古学家发现了尼姆鲁德古城、尼尼微古城和亚述王朝萨尔贡二世的宫殿,以及更加灿烂的古埃及遗迹……欧洲百姓得以在博物馆目睹被发掘的古代异域文化,贵族阶级也因此流行将古老的宝石重新镶嵌打造,好在晚会上佩戴展示。考古复兴主义体现在珠宝设计领域,需要结合古董鉴赏知识和珠宝设计知识,马克·奥克莱尔似乎是最符合要求的设计师,所以他很快就明白了自己该做什么。

他找到巴黎的工匠合作,对一些藏品进行重新思考设计,将它们变成了可穿戴的艺术珍品。所有材料都弥足珍贵: 公元前 1 世纪的罗马戒指,有 2000 年历史的蓝色玉髓珠子……这些经历过千年沧桑的吉光片羽如今已经很难再追溯来源,而对于热爱购买珠宝和古董的人来说,没有比从一个如此的行家手里得到一件珍品更值得信任的渠道了。

奥克莱尔

Maison Auclert

奥克莱尔

Maison Auclert

马克·奥克莱尔并不是对古董材料的简单挪用，他对设计的构思是根据材料带来的可能性而灵活多变的，有 19 世纪的多元文化风格，也有当代盛行的极简风格。他的多件作品中都出现了材料质感和颜色的鲜明对比，红玉髓、绿松石、玛瑙、石榴石、黄金……在新与旧、当代与过去的时空之间，他用当代设计创造了一场有趣的对话。

奥克莱尔

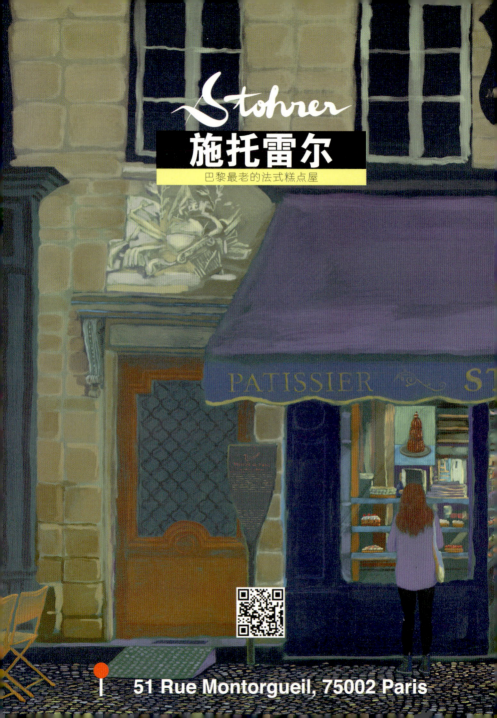

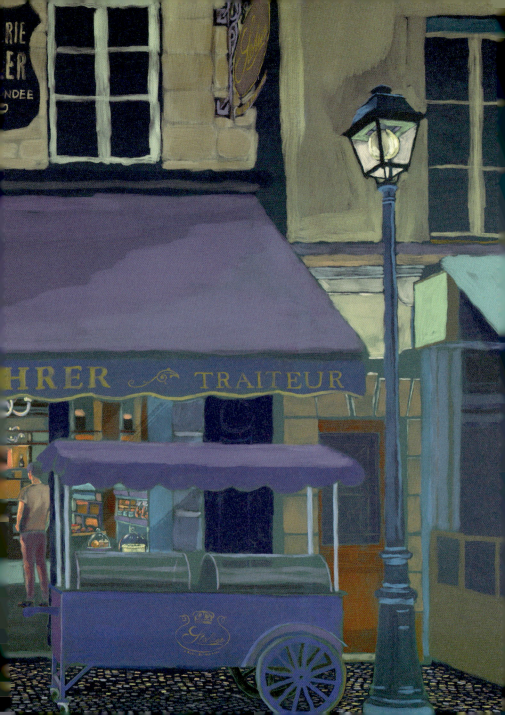

施托雷尔（Stohrer）对于巴黎人来说并不陌生，这家开设于1730年的法式糕点店被称为巴黎最著名且最古老的糕点店。和一家之母（À la Mère de Famille）一样，不变的地址和味道成为无数巴黎家庭几代人的传统美味，但施托雷尔的故事更加传奇，因为这家店与欧洲皇室有关。

创始人尼古拉·施托雷尔（Nicolas Stohrer）原本是波兰国王的御用糕点师，1725年秋天，时年22岁的波兰前公主（因其父当时被废除王位）玛丽·莱什琴斯卡（Maria Leszczyńska）嫁给了当时15岁的法国国王路易十五，尼古拉·施托雷尔也跟随公主到了凡尔赛宫。五年后他借着自己在皇家的声誉开了巴黎第一家糕点店。

英国女王伊丽莎白二世曾在一次外交行程中提出到施托雷尔花20分钟享用甜品，然后她找到这里并且待了两个小时，甚至影响了她原本的外交日程安排。英国女王当时品尝了哪些美食我们不得而知，但如果你初次到这里，有一个绝对不容错过的经典——朗姆酒巴巴（Baba au Rhum）。这种由尼古拉·施托雷尔自创的蛋糕不仅征服过路易十五的味蕾，更成为如今代表法国的糕点中最具代表性的一款。"尽管我们一直在研究各种口味，比如冰淇淋或是巧克力脆饼，就像指挥家一样，即使面对简单的乐谱也要在细节上做出一种精益求精的调动，但是朗姆酒巴巴的配方我们永远不会改变。"施托雷尔的负责人自豪地说，

Stohrer

施托雷尔

Stohrer

"因为从 1730 年开始这个配方就没变过,今天它依然受到大家的喜欢。"尼古拉·施托雷尔的另一个著名原创糕点叫"女王的袋子"(Bouchées à la reine),有一个民间流传的典故是说这款糕点是应玛丽·莱什琴斯卡的要求创制的,因为彼时路易十五的情人蓬巴杜夫人(Madame de Pompadour)让厨师樊尚·拉沙佩勒(Vincent La Chapelle)为自己制作了后来成为经典的"爱之井"蛋糕(Puits d'Amour),而出于攀比,"女王的袋子"就诞生了。

在施托雷尔也可以品尝到味道正宗的其他经典蛋糕,比如法国所有糕点店都能找到的玛德琳蛋糕、巧克力慕斯歌剧院(Opéra)、焦糖浆蛋糕(Éclair au Caramel)等。说到玛德琳蛋糕,普鲁斯特(Marcel Proust)曾在《追忆似水年华》中将其作为触发回忆的关键,法国人后来用"普鲁斯特的玛德琳蛋糕"(Madeleine de Proust)比喻突然引发一个人回忆的味道。

每年特殊的节日还能在施托雷尔买到专门制作的蛋糕,比如法国大众在每年 1 月 6 日的天主教主显节会吃"国王饼"。这种蛋糕的流行离不开它为家庭或朋友相聚带来的游戏性:根据传统,糕点师会在制作时在这种酥脆多层的蛋糕里藏一个皇冠形状的小徽章(也有其他形状),这样当一家人聚在一起吃"国王饼"时,吃出小徽章的人就被称为国王。

店内的装饰也很有特色,华丽的墙面设计和绘画根据签名判定出自 19 世纪著名的学院派画家保罗·博德里(Paul Baudry)的一位学生,但也有人说这是博德里本人在 19 世纪 60 年代绘制的。博德里的作品曾以肖像画和墙面装饰画享誉巴黎。拿破仑三世曾将加尼埃拉歌剧院(l'Opéra Garnier)门厅的装饰工作委托给他;法国银行曾经为了对抗伪钞而委托他绘制过十分精美的难以伪造的图画,然后由雕刻家夏尔-朱尔·罗贝尔(Charles-Jules Robert)将画面缩小雕刻制版,最终印刷成 100 法郎纸币于 1882 年发行。值得一提的是,在 1984,施托雷尔还因其内部装饰画而被列为法国历史遗迹。

施托雷尔

Stohrer

施托雷尔

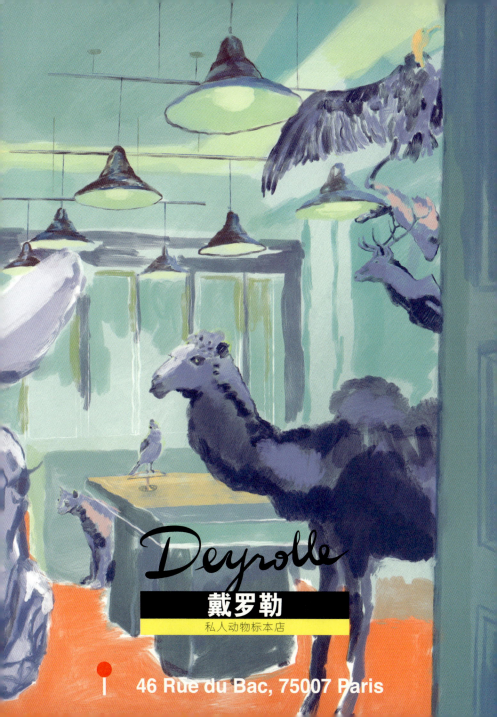

如果你是哈利波特迷,当你路过戴罗勒(Deyrolle)的第一印象也许会误以为这是个魔法商店。大门两侧的橱窗陈列着栩栩如生的猫头鹰标本,它们让路人忍不住驻足并投去好奇的目光。那些关于自然科学和昆虫学的书籍,布列塔尼水手条纹衫,印有植物图案的本子,以及各种规格的修枝剪,也许会让你猜测这是个古老的园艺商店。

戴罗勒

步入戴罗勒,这种园艺商店的错觉愈加明显。麻绳、花洒、花盆、手套等园艺工具,还有斑驳的灰色石柱之间——柔和的灰绿色墙面上挂着大幅植物剖面图。但总有些别样的细节在这个敞亮的空间中引人好奇:比如关于分辨不同种类的马或是非洲鸟类的教科图,一只鹿的剪贴画,以及通往二楼楼梯上穿着园艺围裙的羚羊。

Deyrolle

戴罗勒

始于 15 世纪的海外探险借由海外贸易的发展变得流行起来,这对当时的博物学研究起了至关重要的作用。19 世纪 30 年代,英国在工业革命基本成功时加强了对境外版图系统和科学性的探索,法国、德国也紧随其后。这些探险队多由科学家组成,因此也为自然科学的研究提供了大量新的知识和样本。在达尔文出版《进化论》之前,这些探险式的科考成果对欧洲乃至全人类的博物学,以及后期分科为地质学、地理学、生物学的发展都尤为重要。戴罗勒就是在这样的历史背景下出现的。

Deyrolle

沿着楼梯上二楼,起身迎接你的居然是一头北极熊!这震撼的感觉随着目光移到左侧的"客厅"区域,几只端坐高处的孔雀或回眸或望向窗外,小兔子们交头接耳,一只小斑马似乎才从两个柜子的缝隙之间闯入这个奇特的空间,还有一只小熊胆怯似地倚靠着熊妈妈……这些通常在自然历史博物馆才能看到的标本竟然就出现在一个私人宅邸似的古老商店里,并且没有博物馆中用于阻挡观赏者与展品的各种界限,也没有往常分门别类的空间设计,你可以像在朋友家一样漫步在这些大型动物之间。这突如其来的相遇令我着迷,我沉浸在这个如梦似幻的世界中,与美丽的动物异常亲近,并独享这份喜悦。曾有一个贴切的词来命名这样的室内收藏空间——奇珍异宝柜,偌大的宅邸仿佛一个装满了梦幻的柜子。这种起源于欧洲 15 世纪的收藏形式正是博物馆的前身。

Deyrolle

戴罗勒

戴罗勒内部有一个小型的动物标本修复间，并设有昆虫处理台，也因此你总能在这里购买种类繁多、数量惊人的各类昆虫标本。幸运的话你还能在二楼一处工作区域看到正在工作的标本师。他们在巴黎的标本制作覆盖不同的领域，尤其在昆虫学方面颇有建树。而大型动物标本则来自与世界各地的标本制作者合作，这是一个极其规范的行业，以避免偷猎者获利。

戴罗勒通过标本的质量和可追溯性来选择标本制作者，比如一只老虎标本，不仅要有关于被标本化的动物的可追溯性，还要有关于其父母和祖先的可追溯性。受保护的物种还要有一份动物护照，以证明它们不是来自偷猎、狩猎等。整个过程有完全合法的透明度。戴罗勒也拥有法国政府授予的"文化遗产公司"认证标签，该认证支持保护历史传承工艺的企业。

Deyrolle

戴罗勒

Deyrolle

19世纪30年代,由自然学家、医生、地理学家等带领的科学探险队从遥远的地方带着动物和植物回到欧洲,并把它们主要分配给了科学、教育和博物馆行业,然而如何有效又安全地保存它们曾是最重要的问题。

博物学家让-巴蒂斯特·戴罗勒(Jean-Baptiste Deyrolle)在当时的标本制作行业具有出色的专业技术,并于1831年创立了自己的工作室,之后逐步变成了一家以教育为目的的家族企业。那时的戴罗勒向尽可能多的人展示当时未知的异域自然,并为自然历史博物馆供货,很快他的客户也拓展至私人收藏家。

1866年,埃米尔·戴罗勒(Émile Deyrolle)接管了由他祖父创立的公司。当时整个欧洲创建了许多昆虫学协会。科学家们从遥远的旅行中带回了大量标本,大大丰富了自然历史博物馆的收藏。

戴罗勒

埃米尔·戴罗勒还将很大一部分精力用于出版和销售有关动物和植物的教育产品，并向一百多个国家的学校、学院、技术和科学中心分发教育材料。由此戴罗勒拓展加强了它的教育属性，并成为当时自然科学教育领域中的一家知名机构。

埃米尔·戴罗勒通过使戴罗勒纳入法国公共教育系统（法国国家教育系统的前身）并作为世界其他地区的主要供应商来延续父辈的教育使命，因为戴罗勒家族将其教育材料出口到120多个国家，这些材料在19世纪60年代为全球因工业革命而突增的大量教育需求提前做好了准备。

Deyrolle

戴罗勒

戴罗勒

在19世纪末,世界正在发生着变化——农村人口外流,工业化,城市发展,卫生方面的进步,所有这些都必须向儿童和年轻一代解释。因此戴罗勒研发了教学设备,包括显微镜、观察设备、玻璃板(幻灯片的前身)等,但最重要的是著名的教育系列挂图,它们旨在向不同年龄段的学生解释自然世界。例如,巴西和西班牙的许多学校都有戴罗勒的教育材料及配套挂图,包括了解人体的皮肤纹理,观察耳朵等器官的解剖学相关教学元素。

在1860—1880年期间,戴罗勒为教室制作了自然图像和生物骨架。戴罗勒也有很多关于农业和植物的版块,以加强孩子们和学生与农业知识的联系,因为当时农业世界正随着农村人口的外流而走向衰退。这些版块必须由非常有分量的科学内容构成,因此邀请了相关学科中资深的高级教师团队负责研发。此外,审美也是戴罗勒对教育产品把关的重要考量因素。

2000年,路易-阿尔贝·德布罗伊(Louis-Albert de Broglie)买下了戴罗勒并在教育领域开始了新的尝试,使其成为联合国气候变化大会的官方合作伙伴。他们通过与专业插图画家、科学家、博物馆合作,开发了一个新的"面向未来"的教育版块系列,也进一步强调了戴罗勒的三大支柱领域:自然、艺术、教育。

Deyrolle

戴罗勒

临近蒙帕纳斯的戴罗勒本身就带着一种超现实主义气质，如今每年戴罗勒都会与艺术家合作，这源于它一直以来都被视为一个可以带来独特文化灵感的地方。

伍迪·艾伦的电影《午夜巴黎》有一场戏便拍摄于此。片中男主人公穿越时空被海明威引荐给格特鲁德·斯坦（Gertrude Stein），她是当时文艺圈的核心人物，热衷于提携优秀的文艺创作者，最著名的例子就是毕加索。格特鲁德·斯坦和爱人爱丽丝（Alice Toklas）曾在巴黎的家中举办文艺沙龙，许多作家和艺术家都是她们的座上宾。当男主带着自己修改后的小说再去斯坦家时，他被告知片中的文艺缪斯阿德里安娜（Adriana）正在戴罗勒的派对上。据说斯坦本人也时常光顾这里。如果你细看过这场戏再去戴罗勒，会感到光影与现实重叠的奇妙，有一些戴罗勒现存的标本也能在这部电影中一窥究竟，比如楼梯上的那只羚羊。

不仅是文学和艺术界，时尚设计师也是这里的常客，比如圣罗兰（Yves Saint Laurent）。如今仍有许多演员和艺术家来到戴罗勒寻找一份奇特的灵感体验。中国艺术家黄永砅从发生在戴罗勒的火灾中获得灵感，创作了他的代表作之一《诺亚方舟》，并于巴黎美院小教堂展出。英国艺术家达米安·赫斯特（Damien Hirst）也曾用戴罗勒的标本创作装置作品并在此展出。

现存戴罗勒的第一份档案可以追溯到19世纪三四十年代,在它横跨的190年之间,人类社会经历了无数次的灾难与变革,而它本身也经历了2008年的一场火灾,但无论如何,戴罗勒仍是世界上最后一个向公众开放的有如此规模的"奇珍异宝柜"。

在超级针线（Super Stitch）的社交平台主页上写着 Don't call, just come（别打电话，直接来）。在但凡大小事务各种会面皆需要提前电话预约的法国，这种态度就足够吸引人去光顾了。

和大部分巴黎的店铺一样，这里的空间不是很大，十几台经典机器形成了工作区：有专门制作双针袋的机器，有制作裤底的机器，有切裤腿内侧的锯齿机，还有安装铆钉的机器……这些机器能胜任修复一条牛仔裤所需的所有工作。店主阿蒂尔·勒克莱尔（Arthur Leclercq）一边招呼熟客一边辗转在不同的机器之间修复着一件牛仔裤。

Super Stitch

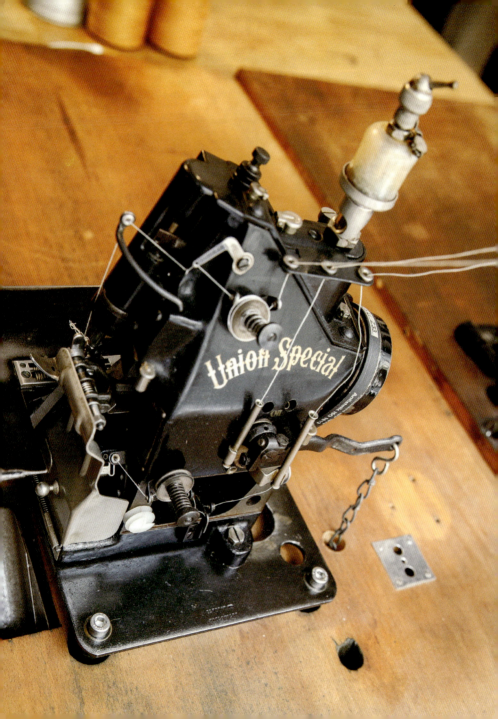

2003年，14岁的阿蒂尔收到了一份母亲送给他的礼物：一条日本产的赤耳（Selvedge）牛仔裤。不同于他当时见过的所有面料，这种表面粗糙的偏硬织物，随着穿着时间越久，越加丝滑，合身又耐穿。从那之后他就对牛仔布产生了浓厚的兴趣，并开始主动探索相关的知识。

法国高考那天阿蒂尔由于没睡醒而错过了考试，随后他考了职业技术学校，对机械的着迷使得他毕业后成为汽车航空机械学徒。2012年，阿蒂尔开始为一家牛仔品牌工作，并积累了销售和经营管理的基本知识。业余他继续探索自己的爱好，在2016年10月，他购买了一台20世纪40年代产的联合牌（Union Special）缝纫机，为了能通过链式针法（Chain stitch）来重现一种经典的"绳痕效果"（Roping effect）。他用这台机器成功地对经典款牛仔裤磨损的下摆进行了修复甚至完全还原，这也给了他创立超级针线的动力。于是他的这个隐藏技术在朋友圈口耳相传，人们带着不同的牛仔裤和不同的需求来找他修复。阿蒂尔的技术终于变得炉火纯青，他的缝纫机收藏也越来越多，包括老式的瑞思（Reece）牌缝纫机和胜家（Singer）牌缝纫机，便于应对不同种类的牛仔裤维护和定制工作。

随着对牛仔裤知识的深入探索，阿蒂尔意识到许多人很难买到100%合适自己的牛仔裤。2020年3月，阿蒂尔开了这家店，并推出了自己的原创牛仔裤LR01。L和R是他祖父母名字的首字母，01代表他的第一件作品。

超级针线

他的灵感来自1972年至1974年的经典直筒型牛仔裤：高腰部分能完美合身，大腿部分留有舒适的空间，直筒设计，单线缝制（现在大部分牛仔品牌都是双线缝制），铜质纽扣，铝制铆钉，以及带有光泽的聚芯线……腰带、硬币口袋和腿部外侧使用链式针法缝制，长度量身定制，保持复古的精髓，以舒适耐穿为基本原则。这款LR01的面料来自日本广岛，会随着时间、水洗次数、穿着者的体型和穿着次数而变化，14盎司（约475克／米²）的克重保证了它经久耐穿的性能。顾客还可以在阿蒂尔的专业建议下对细节进行定制，比如腿侧的链缝，硬币口袋，以及下摆的绳痕效果。

虽然牛仔裤传奇源自美国，但日本却是今天牛仔布最好的生产地。二战后当其他国家为了提高生产效率而使用新型织布机时，日本的一些牛仔布工厂却保留了20世纪40年代到70年代的梭织机，从而守住了经典的制作工艺，他们生产的牛仔布上保留着纯正的"缺点"。比如超级针线店内的一台联合牌折边机曾是Levi's在20世纪40年代至70年代工厂的原始机器。这台罕见的机器能通过机械压脚的力量在下摆上做出"绳痕效果"，这种效果在一次次的水洗后会逐渐变得更明显。而其实这种效果来自老式机器的一个缺陷，它会导致布料在缝制过程中发生位移，从而出现这种奇特的效果。不懂牛仔裤的人也许更愿意选择现代机器上生产的牛仔裤，完美的机器不会产生这些复古效果，但牛仔裤行家们却对这种经典的意外推崇备至。

超级针线

Super Stitch

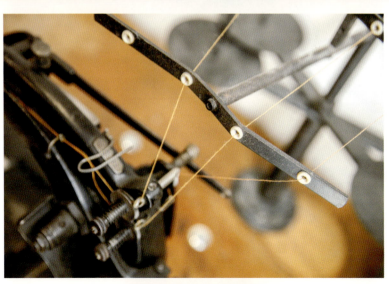

超级针线

除了裤脚折边，超级针线的牛仔维护也包括修复破洞和磨损，以及帮客人们根据偏好进行各种调整。阿蒂尔也能完成最专业的清洗熨烫，使用超级针线自己研发的牛仔布专用洗涤剂 SSD，它的特殊成分能让牛仔布适当褪去一点蓝色而不发灰，并使织物变得光滑，一瓶盖 SSD 可以洗两条牛仔裤。当你得到一条高品质的新牛仔裤时，超级针线的洗涤建议是多穿一段时间再洗，面料也需要一些时间习惯新的状态。在出现白色印记时，就可以把牛仔裤从内翻过来清洗了，扣上纽扣，用 30°C 水温，如果是机洗请尽量用轻柔模式，洗后倒挂晾干。正确的清洗能让牛仔裤的状态越来越好，并能防止杂质卡在棉线之间导致面料变硬、失去弹性甚至织物瓦解。

Le Comptoir Général
总柜台餐酒空间
多元文化风格杂糅空间

84 Quai de Jemmapes, 75010 Paris

这个空间最初是巴黎圣马丁运河河畔的一个大马厩，马匹集中于此以便用于运河上的商船卸货，这些商船载有来自比利时和法国北部大港口的货物，沿着河流和运河被运到巴黎。在时间和历史变迁中，这个空间的功能也历经多次变更，比如仓库和大型五金市场等。现在这里是一家成熟且难以被定义的梦幻酒吧餐厅，但它的基因里仍留存着贸易和旅行的底色。

总柜台餐酒空间（Le Comptoir Général）于 2010 年开业。在成为酒吧、书店、旧货店和举办音乐会、展览的文化场所之前，它是一个专门用于联谊活动的场所，用以推动世界各地的文化交流，尤其是针对非洲的边缘文化。之后这里的日常活动向多元文化发展，以旅行、异国、假日为主题，空间经常被粉饰一新，美轮美奂的鸡尾酒会、丰富多彩的舞蹈活动以及风格各异的音乐活动轮番上演。

在将这个空间命名为总柜台时，创始人希望选择一个能唤起 19 世纪和 20 世纪初曾辉煌一时的商业交流的名字，当时巴黎的公司从非洲、南美或亚洲进口产品，在非洲、印度、东南亚、巴西的大港口都设立了商务办事处（也称为柜台）。

Le Comptoir Général

Le Comptoir Général

总柜台餐酒空间

总柜台通过还原一个世纪前的气氛,重塑了这种异国情调和空间杂糅的奇特设计,主要采用木质装饰,复古的吊灯,皮革座椅,大大小小的桌子,厚实的木地板,东南亚常见的清漆木质柜台,棕榈树,还有一个装着贝壳和沙子的小玻璃柜,营造了一种仿佛置身于巴黎之外的感觉。在这里,你或许会有正穿梭于东南亚、非洲或太平洋岛屿的错觉。如果没有人领路,你一定无法想象这样的大型空间会出现在巴黎市中心,并且它有一个(在2021年秋天之前是两个)十分隐蔽且神秘的入口。

也许你会认为总柜台的装潢也有20世纪早期美国酒吧的影子:丰富而柔和的自然采光与灯光组合,部分空间里复古的家具,以及经典设计的装饰物,比如打字机和装饰风格的烟灰缸,尤其是当这里有爵士乐作为背景的时候。酒水单上所有经典的美国鸡尾酒和以杜松子酒或波旁酒为基酒的创新之作也体现了这种风格。

Le Comptoir Général

总柜台餐酒空间

Le Comptoir Général

总柜台餐酒空间

作为非洲文化的发扬者,总柜台常年举办与非洲文化相关的活动,包括音乐现场、摄影展览等,并与马赛的音乐厂牌瑟库斯(Secousse)合作为刚果歌手帕帕·库兰(Papa Kourand)发行了黑胶唱片《尽在面前》(*Tout Restera Ici Bas*)。而"瑟库斯"也是一款总柜台最具标志性的鸡尾酒名,以伏特加、洛神花、百香果和黄瓜为原料调制而成。总柜台还是巴黎最大的朗姆酒销售商,他们生产自创的姜汁朗姆酒和潘趣酒(Ti-punch)。

用甘蔗酿制的朗姆酒在法国非常流行,不论是直接饮用还是调制鸡尾酒,抑或是用作甜品的原料。朗姆酒虽然属于烈酒,但品类众多,风格多样,味道从浓到淡,温暖而丰富。朗姆酒也曾经是最受水手们喜爱的饮料,在这里的酒水单上你可以看到大约25种不同的朗姆酒。

在餐厅菜单上,总柜台推崇比较典型的地中海饮食(Mediterranean diet),以各种蔬菜和海鲜为主。"而且我们现在强调可持续捕鱼来捍卫海洋环境,"负责人本杰明(Benjamin)说到,"我们也和法国最古老的钓鱼俱乐部合作,在这里举办一个收藏展,包括一些老式的鱼竿、鱼钩和各种颜色的人造蝇诱饵。"传统的捕鱼业元素也成为这里装潢的灵感,随处可见渔网挂在墙壁上,还有鱼竿、潜水用具……

Le Comptoir Général

不同于巴黎其他的酒吧餐厅,总柜台现在举办的活动种类依旧很多,从文化艺术到自然科学。周末他们还提供家庭早午餐,并为儿童举办专门的活动。

Le Comptoir Général

总柜台餐酒空间

Mariage Frères
马里亚热兄弟
巴黎最老的茶商

📍 30 Rue du Bourg-Tibourg, 75004 Paris

Mariage Frères

17世纪荷兰人将茶叶从中国带到欧洲,直至18世纪末期,由于价格高昂,茶叶在法国的受众都只有皇室与贵族阶级。马里亚热兄弟(Mariage Frères)由亨利·马里亚热(Henri Mariage)和爱德华·马里亚热(Edouard Mariage)两兄弟于1854年创立,是法国最古老和最著名的茶馆,也是法国第一个茶叶进口商,在当时与荷兰和英国商人展开了竞争。彼时的饮茶习惯也并不存在于百姓阶层,马里亚热兄弟的早期客户都是奢华酒店和餐厅。经过130年的发展,他们才开始向大众顾客销售茶叶。

马里亚热兄弟创造了"法国茶艺"的概念,挑选了来自世界各地最好的茶叶,其中一些是该品牌独有的。不同于东亚的饮茶方式,大部分法国茶客喜欢从这里购买调制茶和香薰茶,其种类有300多种。最受欢迎的是马可波罗,为庆祝卡尼尔歌剧院而推出的歌剧院之茶(Thé à l'Opéra),具有巧克力香味的皇家婚姻(Wedding Impérial),还有满满日本感的樱花茶,以及不同清新程度的绿茶组合尼罗河之茶(Thé sur le Nil)。

对法国人来说比较冷门的茶,比如黄茶,在马里亚热兄弟的存货量很少,比较不为人所知。但黄茶的甜

马里亚热兄弟

美和温和的味道是独特的，中国的饮茶者对其并不陌生，而对茶的味道层次不敏感的人也许不会喜欢。

对茶的香气调配和命名同样是需要运用抽象思维的过程。马里亚热兄弟的负责人介绍："这些灵感往往来自一次旅行、一段记忆或是一部歌剧……我们有'甜蜜的上海'，是一种由异国水果的香味组成的茶，让人想起上海这座城市；白茶象征着纯洁的感情，丝滑的手感就像甜蜜的旋律；'蝴蝶夫人'的灵感来自于普契尼的歌剧。"

马里亚热兄弟引领法国茶艺之前，法国并不盛行茶文化，大众基本上是喝咖啡的。现在，即使是很少喝茶的人也会在家里常备不同的茶叶待客。

玛莱区的这家店是在1984年开设的。店铺内的茶叶罐和深色木板元素是因为马里亚热兄弟希望在这里重现老仓库的气氛——弥漫在木制品中的茶叶和香料的味道，老式的木箱，老式的天平，以及在柜台角落散落的大小茶叶盒。19世纪的玛莱区曾是一个稀有商品区，马里亚热家族那时已经住在这条布格－蒂堡（Bourg-Tibourg）街了。

他们也在茶室里举办过早午餐聚会活动，客户来自时尚界、娱乐界和

Mariage Frères

马里亚热兄弟

Mariage Frères

新闻界。之后这个法国品牌在日本、德国和英国相继开设了专柜。马里亚热兄弟也有零售商网络在全球销售。但对大部分中国游客，甚至是一些不熟悉巴黎的法国人来说，这个名字都是陌生的。

狭窄陡峭的古老楼梯通往二楼的"茶叶博物馆"。尽管空间不大，但这里展示的物品已能让来访者对19世纪巴黎的茶叶贸易有直观的了解：那时的茶叶物离乡贵，在欧洲刚刚从权贵阶层流行到民间，仍属于一种奢侈品，因此就连货箱也是精致的工艺品，有拼色橡木、漆山毛榉木，还有贵重的雕花铜银箱。茶具也包括不同风格和材质的茶壶茶杯，有银制、陶瓷制、铸铁制……摆在地上的大秤以及过往的官方货物入境文件都诉说着那个时代的旧事。即使你不打算买茶，这个空间也值得一看。

马里亚热兄弟

Mariage Frères

马里亚热兄弟

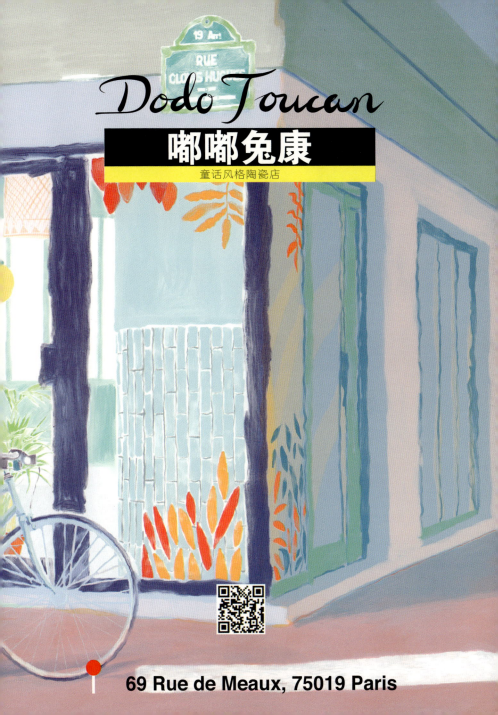

Dodo Toucan

在19区的莫（Meaux）路和克洛维胡格（Clovis Hugues）路的交叉口有一栋石灰色的居民楼，楼底的转角处坐落着一个清新感十足的小店，玻璃门上有店主画的简单的植物图案，店内藏着无数可爱的小童话。第一次路过这家店时，我看到两个小朋友在橱窗前拖着妈妈的手不愿移步，他们在看玻璃另一边的陶瓷小动物：红橙色的老虎，柠檬黄的猎豹，浅灰色的雪豹，还有各色不同图案的小圆球幸运人物。尽管对于今天的大众来说，陶瓷和卡通的组合已经不算新鲜，但这样拥有浓郁个人风格的卡通陶瓷店在巴黎是极少见的。憨厚可爱的陶瓷造型裹着清新治愈的配色，这样的组合形成了嘟嘟兔康（Dodo Toucan，原意为渡渡鸟和巨嘴鸟）鲜明的风格，用创办人萨拉（Sara）的话来说，她用这些象征性的小造物形成了一个童话般的"叙事世界"。

2016年年初，巴黎女孩萨拉和她的两位爱好陶艺的朋友在巴黎郊区开了一家陶瓷店，虽然规模很小，但附近的居民都很喜欢，于是逐渐成长起来。2018年夏天，这家店搬到了巴黎19区，本是设计学校毕业的插画家萨拉用原创的可爱陶瓷获得了更多巴黎人的关注。"一切始于偶然，因为我当时出于兴趣参加了陶瓷课程，算是一个业余爱好者。在开始的时候更像是一个游戏，我

嘟嘟兔康

那时还没有专业的水平,只是很喜欢。"她谈起自己是如何全身心投入到今天的工作的,随后她在社交平台上分享的陶瓷作品照片吸引了许多买家甚至是商店的兴趣。"渐渐地,我开始销售陶瓷作品,最后决心辞职,在2016年投入到现在的事业中。我也遇见了我的合作伙伴们,因为创业会遇到许多问题,我明白不能孤身一人。"

萨拉和伙伴在店内现场制作,所以工作间和商店是一体的,这种完全透明一体的创作方式让顾客进店挑选商品时也能领略她们正在工作的状态。从开始用陶土造型,到成型后十天左右的自然风干,再到上色绘制图案、烧制上釉,每一件都是独特的存在,即使是同一个人物也会略有不同,这种手工痕迹正是它们的迷人之处。这也是萨拉在工作中最喜欢的部分,因为在制作中会有很直观的体验:"与材料相处时,用一种非常自然和自发的方式来进行创作,就像一段美妙的旅程。"

大部分陶瓷课程都是制作盘子和马克杯,但萨拉却把重心转移到了现在的卡通风格摆件。究其原因,她解释道:"从我开始画画时便意识到我可以发展出一个完整的叙事宇宙,有不同的人物,不同的颜色,这是很令人兴奋的想法。一开始我并不确定会和陶瓷联系在一起,我一直倾向于做插画类型的有叙事性的创作。"

Dodo Toucan

嘟嘟兔康

Dodo Toucan

Dodo Toucan

嘟嘟兔康

动物摆件的身边也有一些较大的花瓶和陶瓷碗碟，用类似的风格描绘上植物图案或是抽象的斑点。在店内也有一些卡片和文具是通过对绘画的思考延展出来的，然后在巴黎印刷生产。和许多法国人一样，她也对本土制造充满偏爱。"我非常在意材料的生产商，比如我们正在制作一批笔记本，接下来几周内会上架，也是用我的绘画，在法国印刷的。"陶瓷绘画使用的是一种含土质的特殊颜料（Engobes），这种颜料在上色时显得饱和度很低，但经过一千多度的瓷窑烧制后就会焕发光彩。

尽管可以像许多年轻的创业者一样专注网络销售，在线上文创产品百花齐放而线下实体店商品同质化严重的大环境下，萨拉坚持经营实体店的态度显得更加珍贵。她解释道："我觉得大城市不应该只充斥着大品牌，更重要的是仍然有当地的特色小店，它们有独特的原创商品，这能让整个城市更有人情味。一个小店的存在也能丰富街区的邻里关系，比如我们也会去别的手工小店，去聊聊他们如何工作，生活中我们

Dodo Toucan

嘟嘟兔康

Dodo Toucan

和邻里也有接触，这些沟通是不需要中间商的。"

邻居们也对嘟嘟兔康的陶瓷制作过程充满好奇，因此当她们推出陶瓷课程时，附近的居民都跃跃欲试，有些还会定期参加，也有的会在每年准备节日礼物时光顾。"当然也有游客，他们从很远的地方来。我们几乎每个周末都为不住在巴黎的爱好者们提供课程，他们只是来巴黎几天，可以在这里学一些知识与技能。"

店铺里五颜六色的小幸运符看似颇有东亚文化的特色，萨拉介绍说它们的灵感源自非洲的格里格里（Grigri），那是一种民间传说中的护身符。她用不同的图案代表不同的意义，有的象征守护健康，有的象征好运和爱情，也有一些只代表大自然的能量，比如粉色和金色斑点代表早晨，深蓝色的小浪花图案代表海洋。"因为这些作为小礼物是带着强烈的情感意图的，所以意义鲜明的礼物能让你送给一个特别的人。"

嘟嘟兔康

高级定制服装（Haute couture）这一由法国人发明出来的概念现如今已在全世界使用，在法国就有明确的规定来审核一个品牌是否具有自称高级定制的资格，其中最重要的就是必须由手工制作。高级定制品牌不该缺席于一本关于巴黎独特品牌的书，虽然我对时尚行业所知甚少，但这是我在为本书筹备清单时的明确想法。但巴黎昂贵的租金和时尚工业化的现状击碎了绝大多数独立设计师想开设自己门店的梦想，一些设计师将自己的展示厅设在居住的公寓里，而纯手工制作的独立品牌更是凤毛麟角，所以我决定转换思路，从审美和创意的角度考虑，手工定制的帽子品牌成了最佳选择。

提起帽子和创意，不熟悉时尚设计的人也许会想到奇特的动物造型，或是像德国博士毕业生佩戴的那种传统的夸张创意帽。毕竟帽子除了实用性和职业象征之外，很难做出更新奇的创意来，但时尚设计师们总能另辟蹊径。女帽设计作为时尚专业的一个分支，设计师们从服装配饰的历史或是其他学科的启发中来为帽子重新定义。

从 19 世纪中后期，时尚设计就开始大量使用鸟类的羽毛。不同大小、色泽的羽毛被加入不同的女装风格中，并以纤细珍奇的艺术质感成为高级定制素材中奇特的存在，其中最具张力和最受赞誉的设计师就是亚历山大·麦昆（Alexander

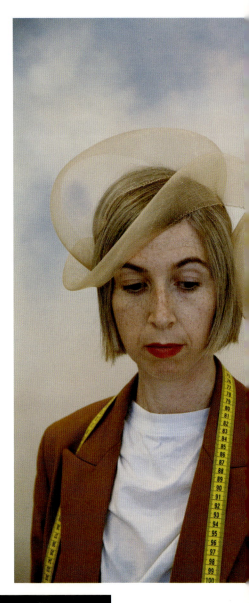

Veronica Marucci Chapeaux

韦罗妮卡·马鲁奇

Veronica Marucci Chapeaux

McQueen),他将羽毛和其他动物材料(如骷髅、珊瑚、蝴蝶……)融入维多利亚时代的女装特征中,为他的服装系列赋予了自然神秘且复杂庄重的哥特式戏剧性。麦昆无疑将他的服装作品升华成了具有审美深度的艺术品,而比起他野性和沉重的风格,将羽毛作为帽子/头饰的创作材料,展现了更为轻巧、易佩戴的特点,同时也保留了表现主义的诗意质感。曾任《时尚》(Vogue)杂志造型师的伊莎贝拉·布洛(Isabella Blow)是麦昆最早的伯乐,她不仅支持了他早期的作品,甚至替他改了名字。布洛在时尚圈最著名的就是她佩戴过的无数充满艺术创意的帽子和头饰。她也曾说过帽子不是一种道具,而是她的一部分。

同样在20世纪90年代被帽子女王伊莎贝拉·布洛提携过的另一位设计师叫埃里克·阿莱(Erik Halley),他用自己独特的配饰设计赢得了与无数大牌客户合作的机会,包括时尚界的卡尔·拉格菲,以及流行乐界的巨星如麦当娜、凯莉·米洛、王菲、碧昂斯,甚至大卫·鲍伊。埃里克·阿莱有惊人的羽毛收藏量,这是他的作品中最常出现的材料。虽然他目前住在巴黎,但他多年来已经习惯了直接与定制客户合作的关系,并未开设面向公众的展示销售空间。所幸的是,我找到了他的一位同行,来自意大利的韦罗妮卡·马鲁奇。

韦罗妮卡·马鲁奇

韦罗妮卡的店名是 Veronica Marucci Chapeaux（韦罗妮卡·马鲁奇帽子），开在巴黎一区圣罗克（Saint-Roch）街和阿让图伊（D'Argenteuil）街之间的路口。她将店外的墙面设计成粉蓝色，透过玻璃就能看到她精致的头饰作品。与周围的环境对比起来这家店的存在有一些梦幻，不仅因为这个非常规概念的"帽子"店里挂着几个装置艺术似的羽毛头饰，也因为站在这样的三角建筑尖端时我总觉得它很像一块巨型蛋糕。

当我拜访时，韦罗妮卡正在一针一线地制作一件亮片和羽毛组合在一起的帽子。店内的白墙被设计成原始粗砾质感的石壁，有些款式比较经典的帽子挂在墙上，另有一些比如羽毛装饰的漩涡状排列设计，以及褶皱造型的蕾丝和面纱则摆放在帽子支架上。店内还有一个入口通往她的工作间，那里也是一个秘密材料区，在那里她放着她最宝贝的制帽材料。

"从我还是个孩子时，时尚就成了我的激情所在！这当然是来自我母亲的遗传，她对风格总是有着敏锐的洞察力。小时候，是颜色让我着迷，随着我的成长，织物和不同的材料吸引了我的注意力。我一直对优雅的女人和男人有一种难以置信的钦佩，我在成长中慢慢意识到了时尚本身可以作为一种沟通媒介。所以我决定在这个领域深耕。"

Veronica Marucci Chapeaux

Veronica Marucci Chapeaux

韦罗妮卡·马鲁奇

出生在费尔莫（Fermo，意大利城市）的韦罗妮卡在米兰的欧洲设计学院（Istituto Europeo di Design）学习了时装设计，在求学期间，她对制帽产生了特别的兴趣。之后在米兰工作的几年中，韦罗妮卡有机会借着出差之由第一次造访巴黎，像几乎所有人一样——尤其是艺术家和时尚设计师——她立刻爱上了这座光之城。"巴黎从一开始就启发了我，我意识到我需要表达我内心的东西。所以搬到了巴黎，开始专心创作配饰，并在一家意大利女装店做兼职，在那里我可以展示一些自己的创作。"就这样，韦罗妮卡开始有了第一批顾客，成为一名女帽设计师的计划逐渐成形。

只有创造力是不够的，要成为一名合格的高级定制设计师，需要掌握大量的实用技能和材料知识。在学习制帽时，首先要熟悉基本的材料，帽子的构造塑形，以及材料的拼接封边，最后才是创意设计。为了巩固和升级自己的技术，她四处打听，希望能学到专业的制帽经验。有一天韦罗妮卡叩响了一位专业女帽设计师的门，她的求学热情和头脑里丰富的创意打动了那位曾效力于时尚大牌的高级定制设计师，由此她开始了在巴黎的专业制帽学习之路。

完成进一步学习后的韦罗妮卡产生了开店的想法。"开店的决定是漫长的，而且充满了不确定性。我需要更多的人看到我的作品，而只在我的公寓展示作品远远不够。我相信自己，相信自己的实力，那时我

韦罗妮卡·马鲁奇

感觉到内心有一个明确的决心。"在持续筹备了近两年后，2015年，随着订单数量的增加，这个勇敢的设计师在巴黎一区开了自己的店。

"现在我知道人们说的是真的：渴望就是一种力量！我在这家店投入了自己全部的精力，尽管也有不如意的时候，但我还是很有满足感。这家店就是对我的品牌宣传，商店的口碑迅速传播开来，很快就有媒体找到我。渐渐地，我开始与其他品牌合作。刚开始是婚纱的头饰，随后是高级时装品牌、时装秀场的合作等。"

当谈到她的顾客时，"他们基本上都很看重原创的独特设计，因为戴什么帽子出门是一个重要的选择，人们的帽子或头饰总能彰显出他们的个性。"不论材料是毛毡、稻草、蕾丝，还是羽毛；不管风格是经典复古，抑或是超现实的天马行空，她都怀着高级定制的精神亲自设计并手工完成制作。意大利的手工艺制造业闻名遐迩，韦罗妮卡试着将两国的精髓结合起来。她的原材料供应商来自意大利，她也会自己去寻找稀有材料，比如特殊的羽毛，以及只有在古董市场才能发现的古老珠宝元素，因此在天气好的时候，她就会去巴黎圣图安跳蚤市场花上半天淘些有趣的材料和艺术品回来。

Veronica Marucci Chapeaux

韦罗妮卡·马鲁奇

Veronica Marucci Chapeaux

和埃里克·阿莱或菲利普·崔西(Philip Treacy,爱尔兰著名女帽设计师)一样,羽毛也经常出现在韦罗妮卡的创作中,作为增加梦幻轻盈感的装饰元素。"我喜欢使用羽毛,并改造它们,使你不再意识到它们是羽毛,我喜欢利用不同的色调和光泽反射来丰富一种材料而不只限于传统的织物。我也喜欢混合和搭配意想不到的材料,我经常用制造对比的方式工作。羽毛帮助我创造了这些。羽毛能帮助头饰或帽子传达一些鼓舞人心的东西,使人们的眼睛闪闪发光。这是创造'魔法'的必要条件。"

现在韦罗妮卡的大部分客户是女性,但她也不会拒绝特别的订单,客户还可以根据自己的喜好选择材料和形状款式,甚至可以向她描绘一个想要的概念。"帽子是一个强大的配件,它可以完全改变你的样子,也可以轻松地使一件衣服成为艺术品。而且制帽业依然在用最高质量的工业原则尝试新的设计。"她希望人们恢复戴帽子的欲望,而让这个充满创意可能性的配饰种类在时尚圈重新崛起。

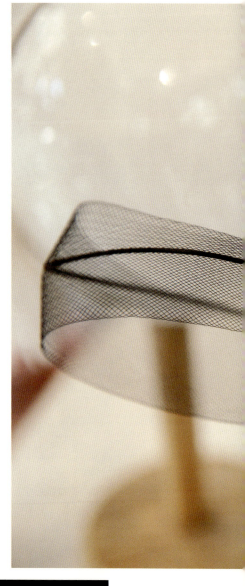

Veronica Marucci Chapeaux

韦罗妮卡·马鲁奇

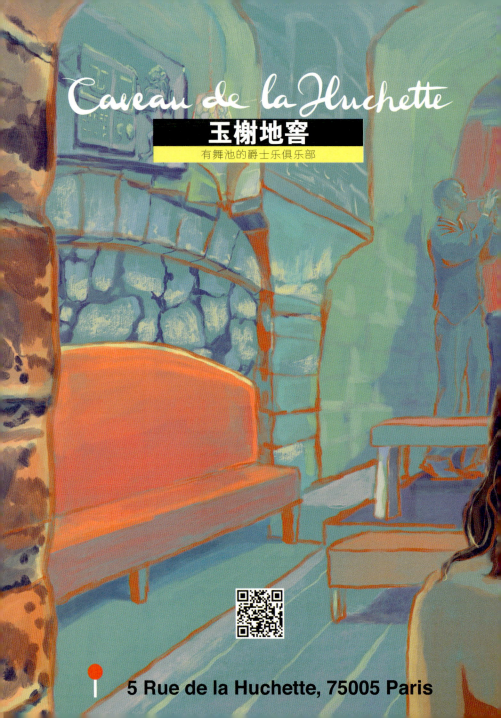

电影《爱乐之城》(La La Land)中瑞恩·高斯林饰演的塞巴斯蒂安一直有一个开一家爵士乐俱乐部的梦想,而艾玛·斯通饰演的米娅始终追逐着自己的演员梦。两人从相遇到相恋都有音乐相伴,他们为了彼此的梦想互相支持和鼓励,却因米娅获得了演出机会而独自前往巴黎,两人自此走向了不同的人生轨迹。阔别多年以后,米娅和丈夫偶然间路过了一家地下爵士乐俱乐部,发现这竟是塞巴斯蒂安开的。当他在舞台上转身与观众席中的米娅隔岸相望时,他缓缓坐下,静静弹起了曾属于他们的《星光之城》(City of Stars)。在音乐带来的幻境中两人重续前缘——他陪她一起试镜,双双搬去了巴黎,他成了爵士乐俱乐部玉榭地窖(Caveau de la Huchette)的钢琴手,而她则在凯旋门前拍戏……可这终究是幻梦一场,音乐终了,她起身和丈夫离开,两人远远相视微笑而别。

玉榭地窖并非虚构,它是今天巴黎最古老的爵士乐俱乐部之一,也是无数爵士乐手的梦想演出之地,因为许多伟大的乐手都曾在这里演奏过。俱乐部的总监克里斯托弗·多里斯(Christophe Dorise)告诉我,导演达米恩·查泽雷的父亲是法国人,他小时候就经常跟随父亲造访这家俱乐部并深深爱上了这里的气氛,因此在《爱乐之城》中他希望向此处致敬。

Caveau de la Huchette

玉榭地窖

Caveau de la Huchette

Caveau de la Huchette

《爱乐之城》中除了清晰地出现了俱乐部的标志外，男主角实现梦想的地下俱乐部"Seb's"也模仿了这里的布局设计。电影成功上映之后，导演和电影主题曲的作曲家也特意到访致谢。

在巴黎，曾经比玉榭地窖更古老的爵士乐俱乐部都消失了，所以如果你钟情于爵士乐，或是单单喜欢《爱乐之城》这部电影，你都应该来一场圣地巡礼。与在大多数爵士乐俱乐部中人们在静谧的音乐里把酒言欢不同，这里正如电影中所描绘的经典场景一般——人们相聚在热闹的舞池里，在管弦乐队演奏的爵士乐中尽情狂欢，这在全世界的爵士乐俱乐部中都鲜有所见，而在巴黎更是仅此一家。许多美国爵士乐手在此演出时都惊讶无比，他们感叹人们竟然可以沉浸在离乐手仅一米远的舞池中尽情释放热情，一起跌入这场音乐漩涡无法自拔。

"一些老一辈的美国爵士乐手说这里让他们想起了棉花俱乐部

玉榭地窖

（The Cotton Club）和萨沃伊（The Savoy）。前者为20世纪20年代至40年代存在于美国种族隔离制度实行期间纽约著名的上流爵士乐俱乐部，以上演当时最名声大噪的爵士音乐家的现场而闻名。萨沃伊为与前者同时期的纽约传奇舞厅，以现场摇摆爵士大乐团和热闹的舞池气氛而出名。

19世纪末起源于美国非裔民间乐手的爵士乐文化呈现在一个15世纪建造的巴黎地下室里，这种音乐历史和建筑历史的交织已经足够吸引人，而与听众几乎零距离的表演方式也正是爵士乐文化最初的特点之一。

"这也是为什么我们只制作让人们能起舞的音乐：19世纪30年代、40年代、50年代、60年代的摇摆爵士乐……然后它变得有点复杂，有爵士摇滚乐、爵士融合乐……大部分以四重奏或五重奏的形式表演。你无法想象音乐家们看到观众在他们面前跳舞时的快乐！"克里斯托弗说到。

Caveau de la Huchette

自20世纪40年代,优秀的法国爵士乐手们就开始在此演出,俱乐部也时常收到来自其他国家爵士乐手们的演出请求。"也有来自美国、巴西、中国、日本的音乐家……总是很国际化的。但我们定期邀请的是我们非常熟悉的法国爵士乐手。"

如果你没有朋友同行,在这里你只需要走进舞池,就很快会有人来邀请你跳舞。即使你像我一样对跳舞毫无经验也不必拘谨。"这里没有会不会跳舞一说,这里对每个人都是开放的,毫无障碍,经常来这里跳舞的人也喜欢邀请别人一起跳舞。"

如果你只想安安静静享受现场音乐也没问题,这里每晚9点开始营业,你可以晚上9点半到,那时乐队演出刚拉开序幕,整体气氛都是比较安静的。虽然我不建议你在11点之前离开,因为看着其他人随着爵士乐跳舞也会是一次很难得的回忆。

玉榭地窖

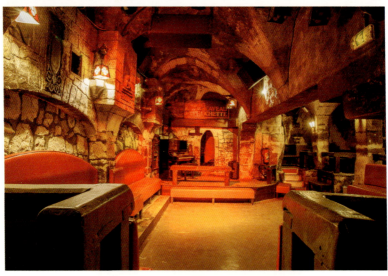

Caveau de la Huchette

玉榭地窖

巴黎丰富的文化遗产孕育了许多历史性的大小品牌，波兰公主和路易十五的御用糕点师开的店，巴尔扎克小说人物原型创立的香氛店，19世纪的茶商品牌……古老品牌被无数次编撰过的历史已经成为巴黎城市历史的一部分，而年轻品牌的故事则更为饱满真实。热爱金属摇滚乐的玻璃艺术家，错过高考后最终选择创业的牛仔裤品牌主理人，只因一次出差就毅然决定搬到巴黎开店的时尚设计师……这本书充满了感动和惊喜。它适合每一个对巴黎向往的人，这也许并不是第一次到访巴黎的游客最应该看的书，但只要你准备好了去了解更真实而多面的巴黎，那它就在等待被你打开。

本书展现了隐匿在巴黎浮华表面下的20个充满历史文化和设计巧思的店铺/艺术空间，探讨各主理人、设计师与艺术家的设计陈列构思、创意美学与经营法则，从多元文化、历史变迁的视角为读者还原隐藏在背后的独特故事与风貌。

图书在版编目（CIP）数据

巴黎秘密地址：光之城的20家精选店 / 杨羽箫著. — 北京：机械工业出版社，2022.7
ISBN 978-7-111-70680-9

Ⅰ.①巴… Ⅱ.①杨… Ⅲ.①城市文化—巴黎②游记—巴黎 Ⅳ.① G156.5 ② K956.59

中国版本图书馆CIP数据核字（2022）第076266号

机械工业出版社（北京市百万庄大街22号 邮政编码100037）
策划编辑：马　晋　　责任编辑：马　晋
责任校对：李芳芳　　责任印制：邸　敏
北京瑞禾彩色印刷有限公司印刷

2022年7月第1版第1次印刷
145mm×190mm · 10.125印张 · 2插页 · 168千字
标准书号：ISBN 978-7-111-70680-9
定价：98.00元

电话服务　　　　　　　　网络服务
客服电话：010-88361066　机 工 官 网：www.cmpbook.com
　　　　　010-88379833　机 工 官 博：weibo.com/cmp1952
　　　　　010-68326294　金 书 网：www.golden-book.com
封底无防伪标均为盗版　机工教育服务网：www.cmpedu.com